COLLECTION
FOLIO/ESSAIS

DU MÊME AUTEUR

Aux Éditions Gallimard

LES PROBLÈMES THÉORIQUES DE LA TRADUCTION

LA COMMUNICATION POÉTIQUE *précédé de* AVEZ-VOUS LU CHAR?

Georges Mounin

Avez-vous lu Char?

Gallimard

Georges Mounin est né en 1910 en Normandie. Docteur ès lettres, il a enseigné de 1961 à 1976 la linguistique générale et la stylistique française, à la faculté des lettres d'Aix-en-Provence.

NOTE PRÉLIMINAIRE
(octobre 1988)

Cet essai, publié en 1946, a été écrit entre avril 1943 et décembre 1944. C'était mon premier ouvrage. Il était le résultat tout à fait inattendu de ma rencontre avec la poésie de René Char, puis avec le poète lui-même à l'automne 1938 et au printemps 1939.

Certes, j'aimais déjà la poésie depuis l'âge de douze ou treize ans. Je l'avais vraiment découverte, loin de la récitation scolaire, en essayant de traduire de l'allemand (en classe de quatrième) un sonnet sans doute assez banal sur lequel j'avais buté, à cause du rythme, du ton, d'une certaine résonance de quelques formes. J'ai donc pris contact avec la poésie en même temps qu'avec la traduction.

Certes aussi j'aimais, avant 1943, Rutebeuf et Villon, Chénier, Lamartine, Hugo, Vigny, Mallarmé, Verlaine, Rimbaud. J'avais lu, vers 1928, la fameuse anthologie Kra de la poésie française contemporaine – sans parler de celle de Van Bever et Léautaud – où j'avais trouvé Lautréamont. Je lisais par-ci par-là des poèmes surréalistes, avec Apollinaire (dans les Nouvelles littéraires*).*

Pourtant ma rencontre avec la poésie vivante d'un poète vivant, plus âgé que moi de trois ans, fut un choc, une révélation, voire une initiation. Je sus brusquement que la poésie ne faisait pas seulement partie de la culture mais aussi de la vie, directement, qu'elle pouvait être plus vécue et vécue autrement que je ne l'avais fait jusque-là[1]*. La dimension de la poésie de René Char, en 1938, dans* Le Visage nuptial*, y était naturellement pour beaucoup.*

Mais j'étais aussi un enseignant, tout tendu vers la transmission aux autres de ce que je croyais savoir, ou comprendre, ou sentir. J'étais notamment désolé de l'inefficacité apparente, sur ce dernier point, de l'explication de texte classique – et je n'étais pas assuré de lire comme il le fallait cette poésie tellement neuve. C'est pourquoi, séparé de René Char par la guerre, puis par l'occupation allemande, je lui écrivis, en 1943-1944, une vingtaine de lettres par lesquelles j'essayais de m'assurer que je lisais et sentais cette poésie comme elle devait l'être. Chacune de ces lettres, qui sont des lettres réelles et qu'on trouvera sans doute dans les archives du poète, est un chapitre de mon essai. René Char, à l'époque, était dans le maquis des Basses-Alpes, et moi mis en quarantaine par Vichy dans le Dauphiné. De temps à autre, je recevais une

1. Par exemple, j'aperçus d'un seul coup que, sans le savoir, j'avais fait de Pascal, ou de Rousseau, des lectures vécues, différentes de la simple lecture culturelle de Lamartine ou de Musset.

lettre, accompagnée presque toujours par un ou plusieurs des poèmes qui ont constitué, en 1945, Seuls demeurent, *que je lisais donc à mesure.*

C'était une chance, et même un privilège, qu'une telle expérience. Je le comprenais bien dès cette époque-là. Depuis, j'ai toujours beaucoup insisté sur le bonheur du lecteur, quand il est le contemporain du poète qu'il découvre. Là aussi, cependant, je sais aujourd'hui que de telles aventures sont plus rares que je ne le supposais, mais non impossibles.

Ce qui reste à dire est simple. Grâce à la poésie de Seuls demeurent *et à la lecture partagée que j'en faisais, j'ai perçu en quoi consistait la lecture vécue. J'ai de la sorte, à partir de 1946, avancé – en tâtonnant – à la rencontre de la théorie des connotations d'André Martinet (1966), ainsi qu'à celle de Hans Robert Jauss et de l'école de Constance (1970). Ces deux théories de la réception construisent une théorie de la place du lecteur de l'œuvre dans l'histoire de cette œuvre (en 1946 je ne connaissais rien non plus du Formalisme russe, de Tynianov, de l'*ostraniénié*). Le premier chapitre d'*Avez-vous lu Char? *est intitulé : « Le poète et son lecteur ». Et ce dernier mot court à travers tout l'essai. J'écrivais alors : « La création du poème par le lecteur est une opération parallèle à celle du poème par le poète. » Il n'y avait là nulle prétention : le mot* parallèle *préserve l'immense priorité du poète. Mais je crois encore aujourd'hui toutes ces choses; et, quelquefois, je pense que j'aurais pu m'arrêter d'écrire après ce petit livre – si je n'avais pas été un enseignant, si René Char ne m'avait pas à son insu reconduit vers la linguistique et la* *stylistique de Meillet ou de Charles Bally, fréquentées depuis 1935, vers Troubetzkoy et sa postérité. J'ai, si je vois clairement, toujours été hanté par le problème de la communication, même si je sais aujourd'hui qu'il est plus complexe et plus hasardeux que je ne le croyais, qu'il s'agisse de la communication poétique, ou même scientifique, ou même simplement quotidienne.*

G. M.

LE POÈTE ET SON LECTEUR

Il est permis de préférer, à qui découvre aujourd'hui La Fontaine ou Eschyle, celui qui sait mettre à leur juste place Rimbaud du vivant de Rimbaud, Joyce avant sa mort et Gide tant que Gide est là... Il est méritoire d'observer les règles auxquelles obéit Eschyle; cependant, il était plus méritoire encore de découvrir qu'Eschyle valait qu'on prît ses règles en considération. Il est bon de remarquer que Phèdre est mieux construite qu'Iphigénie : il était meilleur de préférer Racine – malgré son siècle et Corneille lui-même – à Thomas Corneille ou à Boursault.

JEAN PAULHAN,
F. F. ou le critique[1].

Voilà sept ans passés[2] que je lus pour la première fois un poème de Char. Et, je l'avoue, devant le *Visage nuptial*, je me sentis en face d'une langue étrangère, ou presque. Mais cette langue

1. *Confluences*, nº 26.
2. Ecrit en 1945.

avait un tel ton qu'on sentait qu'elle valait la peine d'être apprise.

Grâce à l'accueil attentif enfin de plusieurs générations, nous pénétrons avec plénitude, aujourd'hui seulement, *Les Chants de Maldoror* et *La Saison en Enfer*. Je n'accepte pas comme une loi fatale ce décalage entre le chef-d'œuvre et son auditoire, ni qu'il faille attendre un demi-siècle avant de voir accessible, à sa place, un beau texte de Char.

Certes le sort de tous les poètes est de n'avoir qu'une génération de compagnons; puis, pour l'éternité, cette espèce si différente : des lecteurs. Mais c'est le sort des lecteurs aussi, dont il faut leur apprendre à souffrir : pour que la poésie donne à quelqu'un tout ce qu'elle peut donner, il faut peut-être aussi cette chance, être le convive d'une poésie contemporaine. Pour moi, le plaisir à Baudelaire, à Rimbaud même, est déjà plaisir d'archéologue : je ne les atteins plus tout entiers sans erreur qu'à travers une certaine épaisseur d'histoire. Maïakovski peut-être, et si j'étais Russe, eût été mon poète. Mais je suis d'ici, on ne me parlera jamais tout à fait bien que dans ma langue, ce français vivant d'aujourd'hui qui m'exprime sans philologies. Avec René Char auront leur contemporain tous ceux qui, jeunes encore et nourris de Lautréamont, de Rimbaud et des drames de leur temps, attendent une voix pour eux.

Je préfère dire tout de suite que je ne suis pas toujours assuré de le prendre comme il devra l'être; que bien des choses en son œuvre m'échappent encore. Je hasarde même qu'il y a chez lui plus d'un texte intransmissible, ou qui le restera longtemps.

Mais j'ajoute aussitôt que s'il ne faisait que me plaire, j'hésiterais à parler de lui. Je voudrais parler de René Char exactement. Et c'est parce que je crois que je commence à pouvoir rendre compte de mon admiration que je parle de lui.

*

Pour écarter tout malentendu, je me hâte aussi de dire que si j'aime l'œuvre de René Char, ce n'est pas parce qu'elle est difficile.

Il faut examiner ici la nature de quelques hermétismes. Il existe d'abord un hermétisme traditionnel, celui des Epicure et des Paracelse. Il s'agit là d'une véritable cryptographie, dans laquelle l'usage d'une symbolique ou la transposition des vocabulaires amène de saisissantes rencontres verbales, quelquefois. Ce souci d'interdire à la foule l'accès du poème est déjà, malsain, chez Mallarmé. Je dis malsain : issu d'une routine, du souvenir de Chatterton, de Gilbert et Malfilâtre, du mythe des Maudits. Or il n'y a pas de maudits : ils ne le sont jamais parce qu'ils sont poètes, mais parce qu'on croit qu'ils ne le sont pas. Peut-on blâmer ceux qui n'ont pas de génie d'être prudents jusqu'à l'erreur avant de canoniser ce pouvoir exorbitant, le génie? On est toujours maudit par ses pairs. Tous les ennemis de Racine tiennent une plume. Ce qu'on peut dire contre Corneille, ou Lamartine, ou Victor Hugo, le lecteur d'abord va le prendre chez Racine lui-même, chez Leconte de Lisle ou Claudel : quand on tire à boulets rouges sur un poète, c'est un autre poète qui sert le canon. Peut-on faire grief au lecteur de s'informer près de Claudel, quand il s'agit de ne pas se méprendre sur Hugo?

Le génie n'est donc pas visible à l'œil nu, le génie qui devrait foudroyer ses lecteurs? Le génie foudroie mais à son heure : les poètes les premiers peuvent-ils oublier cette fragilité, qu'ils connaissent si bien, de l'état poétique; oublier que pour le lecteur aussi, le génie des autres est presque toujours une longue patience? Il faudrait autant de génie que Rimbaud, plus peut-être, pour voir du premier coup la place et la dimension de Rimbaud. Les poètes devraient savoir qu'eux-mêmes sont passés cent fois tout près d'un vers immense avant de l'apercevoir, – et cent fois se sont émerveillés d'une platitude : Mallarmé cite et loue les marqueteries de Banville. Nous savons tous qu'il nous faut pratiquer nos lectures, qu'une image fait lentement son œuvre, en touche une autre qu'elle éclaire; qu'un poème à l'autre sert de clé. Quand Mallarmé dit à Vielé-Griffin, d'une fiche portant le mot *quel* : « Je n'ose même plus leur écrire cela, je leur en livre trop », il agace, il oublie tout ce qu'il devrait savoir sur les voies de la poésie, lui poète. Dans quel monde à l'envers sommes-nous, pour que le maître s'étonne et s'irrite à voir que le disciple ne sait pas encore ce que le maître sait? La seule attitude intelligente du poète envers son lecteur est la patience.

*

A côté de cet ésotérisme périmé s'affirme un hermétisme qu'on peut nommer valéryen, encore que Valéry lui-même l'ait déduit de Mallarmé surtout. « Mallarmé, dit-il, créait donc en France la notion d'auteur *difficile*. Il introduisait expressément dans l'art l'obligation de l'effort de l'esprit[1]. » Toute critique exige une prudence infinie : il faut préciser d'abord que Valéry n'erre pas tout à fait. Il a raison de souligner l'émotion que l'esprit trouve à chercher. Mais a-t-il raison de vouloir que pour être mieux goûté un poème résiste toujours à son lecteur? Ne prend-il pas l'émotion quelconque de la quête pour l'émotion définie que le poème était chargé de nous transmettre? Nous confondons aisément nos plaisirs. On s'enchante, à propos de n'importe quoi, de l'activité de son propre esprit; sur ce point *Les Chants de Maldoror* n'offrent pas plus que mille ingénieuses recherches historiques et critiques, et linguistiques, et bibliographiques sur les *Sonnets* de l'abbé Cottin.

L'hermétisme valéryen est un élément surajouté, un procédé pédagogique externe. Jouant sur la confusion qui s'opère entre l'attention réclamée par le texte et l'intérêt qu'il n'offre pas forcément, cet hermétisme risque toujours d'escamoter la poésie, de lui substituer toutes sortes de rébus. Un beau vers fait travailler l'esprit d'une façon natu-

1. P. Valéry, *Variété* II, p. 224.

relle : au lieu que pour Valéry, le beau vers est le point d'arrivée de l'activité mentale, pour le lecteur ordinaire ce beau vers est le point de départ d'opérations, d'émotions, de sentiments, de liaisons et de réflexions quelquefois inépuisables. Valéry objecterait que son vers aussi devient ce point de départ : alors tout ce travail préalable d'allumage, obtenu d'un hermétisme prémédité pour inviter le lecteur à l'effort, était superflu. Un texte portant sa charge poétique vraie n'a nul besoin du maquillage hermétique pour racoler son lecteur. L'énoncé le plus nu suffit à occuper l'esprit. *On tuait de si près,* dit René Char, *que le monde s'est voulu meilleur (s)*[1]. Nulle nécessité d'enfermer cela sous la triple écorce d'un vocabulaire à code, d'une syntaxe à puzzle, et d'une prosodie à surprises.

*

L'obscurité réelle de René Char n'a rien à voir avec un ésotérisme dépité, ni avec cet hermétisme attrape-mouches. Et Char s'est aussi prononcé

1. Chaque citation de René Char est suivie d'une lettre en italique, renvoyant au volume d'où la citation est tirée. Quand des citations successives sont du même volume, seule la dernière est suivie du renvoi :

(*m*) *Le Marteau sans maître* (réédition, chez J. Corti, 1945) qui contient *Arsenal, Artine, L'Action de la justice est éteinte, Poèmes militants, Abondance viendra* et *Moulin premier.*

(p) Placard pour un chemin des écoliers (G. L. M., 1937).

(d) Dehors la nuit est gouvernée (G. L. M., 1938).

(s) Seuls demeurent (Gallimard, 1945), qui contient *Partage formel* et *Le Visage nuptial.*

(f) Feuillets d'Hypnos (Gallimard, 1946).

contre un troisième hermétisme, qu'on pourrait nommer métaphysique. Je ne citerai comme exemple de cet état d'esprit qu'une phrase de Bachelard : « C'est parce que le vouloir-attaquer est initialement une pointe que l'épine chez le végétal reste un mystère... [qu'il y a] un mystère de l'épine dans une métaphysique du végétalisme[1]. » Ce parti pris du mystère à tout prix, qui veut qu'un mur ne soit pas un mur, mais la matérialisation d'une tendance au verticalisme ou d'un fétichisme de l'érectilité par exemple, est étranger à René Char. *Le merveilleux aime à s'enfermer. De toute évidence pour que le poète écoute aux portes,* fait-il dire au faux poète. Et il répond : *Cette* béquille *de contamination est vaine, suffisante, et à tout écrire irritante, parce que de pauvre gymnastique (m).*

*

Qu'est-ce donc que l'obscurité de René Char, si ce n'est ni un langage volontairement chiffré, ni un art d'extorquer au lecteur une certaine activité d'esprit, ni un carnaval métaphysique? René Char est hermétique à son poème défendant. L'obscurité pour lui n'est pas une loi nécessaire de la poésie, elle est servitude; elle est rançon de la fidélité poétique. Son hermétisme est effet, mais non cause; conséquence et non principe. L'expression mathématique des travaux d'Einstein est hermétique par son objet, non parce que le chercheur a dissimulé ses découvertes au profane, ou

1. Bachelard, *Lautréamont*, p. 42.

voulu stimuler son lecteur avec des difficultés additionnelles : l'hermétisme véritable est celui de la nature des choses. L'univers et nous-mêmes sommes déjà trop énigmatiques pour qu'on aille en rajouter. René Char est obscur parce que l'émotion, c'est l'infrarouge de la connaissance. La loi fondamentale est, de la part du poète, une attention inlassable aux moyens les plus exacts de s'exprimer beaucoup plus qu'aux moyens de se traduire, de communiquer aux autres la substance de sa découverte intérieure.

Au demeurant, nul dédain dans ce refus de se traduire d'abord; mais la conviction qu'il s'agit là d'une préoccupation mortelle au poème; qu'à trop vouloir se traduire, on finit par oublier de s'exprimer; et que, pour le surplus, l'identité profonde des expériences et des esprits traduira.

Cet hermétisme n'est pas d'ailleurs conséquence inévitable. Il est des poèmes entiers de Char, des phrases, des vers, aussi transparents que le langage le plus quotidien. L'habitude des difficultés rimbaldiennes, de l'hermétisme mallarméen, de l'automatisme surréaliste, entraîne à voir un hermétisme où il n'y en a pas. Lorsque le poète évoque *le royaume de la pariétaire profonde* (*m*) et *la fleur d'eau de l'herbe* (*s*), il ne s'agit que de vieux murs encombrés de la fleur des décombres, d'herbe couleur d'eau douce.

*

Pourquoi le poète n'est-il donc pas toujours aussi accessible que dans *Compagnie de l'écolière* ou *Congé au vent*? J'imagine qu'on trouverait, dans le journal intime de n'importe qui, à la date du 3 septembre 1939, une note dans le genre de celle que je compose ici : « Ce matin l'aube était merveilleuse. Le ciel s'ouvrait littéralement. De tous ces rayons rasants, le soleil traçait une perspective éclatante, comme pour une entrée triomphale. Seules, à la surface de la brume éclairée, pointaient les cimes des choses, arbres, maisons, collines. Et l'étendue tout entière avait l'air d'une grande ville dont on n'aurait vu que les toits. Dans le cerisier du jardin, le loriot chanta. Je perçus d'un seul coup, physiquement, la signification pour moi de la guerre déclarée. Ce ne fut qu'un instant : cette lumière et ce chant – la voix du loriot comme le son même de la lumière, la trompette des longs rayons – suffirent à me faire sentir la vie dont je venais d'être exclu. Notre lit m'apparut comme un monde à jamais révolu. Je tirai la couverture, la vue de ce lit ouvert me déchirait. Le temps d'un éclair, mon désespoir fut exactement celui d'un homme qui sait qu'il va mourir. »

Tout ceci est parfaitement clair, avec un peu de sympathie le lecteur arrive à concevoir sans peine l'émotion dont il s'agit. Mais le poète écrit :

LE LORIOT

(3 septembre 1939).

Le loriot entra dans la capitale de l'aube.
L'épée de son chant ferma le lit triste.
Tout à jamais prit fin. (s)

Le problème ne se pose pas au poète de choisir entre le premier et le second texte. Il est poète, il écrit le second. Mais quel lecteur soutiendrait encore que, pour demeurer accessible, il fallait n'écrire que le premier? Il faut ou transmettre physiquement, par n'importe quel moyen, l'émotion que le premier texte analyse et décrit seulement, ou se taire.

Ou le poème contient cet *intransmissible autrement*, et alors il finira bien par rencontrer son lecteur; ou bien il ne contient pas cet intransmissible, il ne saurait par conséquent le transmettre, et tous les commentaires du monde ne sauraient l'y faire trouver.

Tel est le risque de la poésie, que le lecteur doit accepter comme une garantie même d'authenticité. Le poème est quelquefois hermétique, parce que la poésie est ce qui serait autrement ineffable.

PROVENCE ET PAIN

Quand on a médité sur la liberté des métaphores et sur leurs limites, on s'aperçoit que certaines images poétiques se projettent *les unes sur les autres avec sûreté et exactitude, ce qui revient à dire qu'en* poésie projective *elles ne sont qu'une seule et même image.*

G. BACHELARD,
Lautréamont, p. 70.

Je ne sais pas d'où viennent à René Char ses images empruntées au vocabulaire de la chimie. *Le Marteau sans maître* témoigne un goût certain pour « les volumes d'éther » le « bloc » et « la pincée de soufre », « le jet de vitriol », « la main de fer », « l'alliance de platine », « le vert-de-gris des bêches », « l'herbe de plomb », « le radium sauvage », « l'oiseau rouge des métaux » (*m*).

Mais ces images, sauf une dans *Moulin premier,* et une autre dans *Le Visage nuptial*, disparaissent totalement de sa langue après *Le Marteau sans maître.* Le décor moderne, industriel, urbain, auquel se complurent assez de poètes récents, n'a pas lui non plus de place dans l'œuvre de Char. Cafés, bars, vitrines au néon, charpentes métalliques, gares et cheminées d'usines sont absents ou presque. A son horizon, les villes se silhouettent rarement, elles « sont fer et causerie lointaine », étrangères ou fabuleuses; comme cette « capitale de l'aube », ou « la ville sereine, la ville imperforée » (*s*) qui est le Futur aux portes duquel il parvient quelquefois.

Le monde où se nourrit la poésie de René Char est un monde rural et méditerranéen. C'est un monde d'une extraordinaire unité, et il faut voir là une des hautes garanties de l'authentique. Un poète à ce point conduit par ses images est un poète vrai, un homme qui aurait été poète même s'il n'avait pas lu Baudelaire, Rimbaud, Lautréamont, Claudel. La remarquable convergence de ses mots à bâtir un monde sans dissonances suffirait à prouver que pour lui la métaphore n'est pas une froide opération intellectuelle, un accessoire, un rajout; mais une donnée de la sensibilité même, antérieure à toute expression. D'autant plus qu'il s'agit là de résultats indépendants de toute intention, de tout système : René Char, il va sans dire, est à cent lieues de tout pittoresque, de tout félibrige encore plus! Et pourtant le surpoème infus que constitue son œuvre est peut-être d'abord un grand paysage involontaire méditerranéen vrai, Grèce et Provence tout ensemble.

*

C'est « un royaume de lézards » (*p*), le pays « des hameaux de sécheresse » (*d*). Un grand village provençal « de roses et de fontaines » avec « la marche de pierre au soleil ignorant sa blessure cousue de lierre » (*s*); avec « des routes de lavande et de vin dans un cadre enfantin de poussière à gosier de ronces » (*d*). Dans ce paysage-là la poésie, « c'est le champ de dix hectares dont je suis le laboureur » (*m*). Le poète, c'est « un cheval sans fin dans un labour aigri »; et c'est tantôt le fontainier, tantôt le forgeron, tantôt le vannier des villages de Provence; c'est ce cantonnier vivant, Louis Curel de la Sorgue, symbole de l'homme debout (*s*).

Le marécage tient une large place dans ces reflets de la Provence vauclusienne natale, avec sa Sorgue gonflée d'eaux, ses canaux, ses prés inondables, ses talus de roseaux vifs, ses palissades de roseaux secs, ses roselières au mistral. Dans « ce Groenland de roseaux », dans « ces prés tout saisis d'ajoncs » (*p*), parmi « les eaux de verte foudre » et « la fleur d'eau de l'herbe » (*s*), le « poète solitaire » devient « la grande brouette des marécages » (*m*) : une espèce de passage insolite sur des chemins où l'on rencontre aussi « la poésie qui va nue sur ses pieds de roseaux, sur ses pieds de caillou » (*s*). « Couvre notre amour de marais affamés », crie le poète (*d*).

Et si le mot magie peut être accolé légitimement au mot poésie, c'est pour des visions comme celle qu'on va lire, et qui contiennent toute la force incantatoire des correspondances baudelairiennes ou post-baudelairiennes. Surgie des mots du poète, l'image devient immédiatement aussi vraie qu'un de nos souvenirs personnels : tel tableau de *Partage formel* s'allie indissolublement par exemple aux émotions complexes que nous gardons par-delà l'enfance, des beaux feux pleins de mystère et de grandeur, des beaux incendies. « De ta fenêtre ardente, ô Vagabond, reconnais dans les traits de ce bûcher subtil, le poète, tombereau de roseaux qui brûlent, et que l'inespéré escorte. » (*s*) Cette fulguration s'intègre à notre sensation de la poésie; aussi réelle que pouvait l'être, dans un cerveau médiéval, le spectacle halluciné qu'un meunier plein de sorcellerie obligeait à voir par ses mots dans l'eau bouillonnante sous la grand-roue.

Ce monde méridional fournit à un poète originellement pessimiste le plus lumineux des vocabulaires de joie : un paysage de fruits, avec « l'amande croyable au lendemain neuf » (*s*), « les figues violettes », « le poids du raisin » (*m*), « la main de pollen », « l'éternité d'une olive » (*s*) et « le jour de ruisselantes oranges[1] ». Jamais de nature morte, encadrée là, bien en évidence, exprès, pour les beaux yeux du lecteur. C'est par surcroît, au tournant d'une impression sans rapport avec quoi que ce soit de paysagiste que surgissent « l'olivier trop jeune » (*s*), « le figuier allaiteur de ruines », « l'oracle du grand oran-

1. Inédit.

ger », « le citronnier des murailles » (*m*), et « le ralenti du lierre à l'assaut de la pierre de l'éternité » (*s*); ou bien, tout à coup, pour exprimer l'an quarante et sa séquelle : « Je suis aujourd'hui pareil à un chien enragé, enchaîné à un arbre plein de rires et de feuilles » (*s*).

*

L'image la plus humblement rustique que René Char ait chargée de ses émotions les plus rares ou les plus humaines, c'est le blé, le pain. Depuis le symbolisme chrétien jusqu'à la réthorique des littérateurs à la bêche, cette image est si parfaitement éculée qu'il faut s'étonner de retrouver, chez René Char, une image du blé et du pain aussi indépendante, aussi fraîche que s'il était le premier à s'en servir. « L'homme qui s'épointe dans la prémonition, qui déboise son silence intérieur et le répartit en théâtres, ce second c'est le faiseur de pain » (*s*), dit-il du poète; « c'est l'épi avancé des moissons d'août » (*p*), « l'épi de cristal égrenant dans les herbes sa moisson transparente » (*s*); c'est « le magicien à l'épi » qui « moissonne l'indiscernable blé des cratères », « le grain solaire » (*m*). Pour cet homme, « il y a de l'esprit de pain dans l'air » (*d*) et « le pain suffoque à porter cœur et lueur » (*s*).

Enfin, suprême hommage d'une poésie tendre à l'homme, ce grillon dont tout le monde a parlé, invariable attribut des lectures et récitations du cours élémentaire, René Char en refait la voix même de la poésie espérante des ans désespérants : « Femme, nous baisons le temps fou sur sa bouche, où côte à côte avec le grillon zénithal, elle chante la nuit de l'hiver dans la pauvre boulangerie, sous la mie d'un pain de lumière. » Puis encore : « Le grillon chanta : Comment savait-il, solitaire, que la terre n'allait pas mourir, que nous, les enfants sans clarté, allions bientôt parler? » (*s*).

ESPACE ET LUMIÈRE

... Votre visage, – tel est-il, qu'il soit toujours, – si libre qu'à son contact le cerne infini de l'air se plissait...

RENÉ CHAR,
Seuls demeurent.

Mais c'est surtout l'espace et la lumière qui donnent à ce monde de René Char sa pure saveur méditerranéenne.

L'espace n'est ordinairement sensation que pour l'œil, – et sensation pratiquement privée de dimensions. Chez René Char au contraire, la perception de l'espace est souvent liée, non à l'œil, mais au corps tout entier. C'est presque une perception tactile, d'où sa puissance insolite. Il y a dans ses poèmes une série de notations de l'espace, volumineuses, quasi sculpturales, – et par là bien grecques encore; notations qui se rattachent toutes au physique même du poète : un géant, aux épaules larges, aux gestes lents comme les personnages, dans les rêves d'Artine. Il parle du corps humain comme d'un solide aux proportions inhabituelles, autour duquel par contrecoup, comme s'il en était le cerne matériel, l'espace acquiert une épaisseur. Cette sensation curieuse se traduit par une prédilection pour les personnages vus de dos. (Si un peintre avait découvert, avait soutenu ce parti pris d'exprimer l'homme vu par-derrière, il serait célèbre.) Dès *Le Marteau sans maître*, dans une image aux proportions simples et gigantesques, digne de la statuaire antique, le poète, Atlas d'un monde intérieur, c'est déjà « l'homme qui emporte l'évidence sur ses épaules ». Et la cueilleuse de mimosas de *Congé au vent*, elle aussi, « pareille à une lampe de clarté dont l'auréole serait de parfum, elle s'en va, le *dos* tourné au soleil couchant » (*s*). Comme Louis Curel de la Sorgue, statue même immortelle de l'homme ouvrier, de l'homme futur, celui que Char ébloui de sa sérénité appelle tout court l'homme debout : c'est de dos que le poète arrive à rendre la masse exacte de sa grandeur en plein espace : « L'air-roi s'annonce. Sorgue, *tes épaules* comme un livre ouvert propagent leur lecture. » *Au bestiaire de mensonges qui le tourmentait*, dit ailleurs encore René Char érigeant d'un seul mot la statue la plus grande au poète, – *il opposait son dos perdu dans le temps* (*s*).

Il faudrait peut-être insister lourdement sur cette dimension physique du poète, augmentée de toute une imagination visiblement nourrie d'elle. Char n'a jamais l'air, comme nous tous, de sentir l'espace au-dessus de lui, mais autour de lui, et il nous communique cette sensation merveilleuse.

On pourrait épiloguer, montrer comment le prophète du surhumain, le Zarathoustra dansant, n'arrive jamais à donner cette sensation-là. Je ne suis jamais, c'est la faute à Nietzsche, arrivé à imaginer Zarathoustra que comme une espèce de fakir, une sorte de Gandhi, sec, noir et vif. Char donne toujours la sensation physique d'un homme plus grand que nature, il fait voir un surhumain. Le mot *debout*, pour lui, a l'énergie d'un superlatif et se suffit : « La femme respire, l'homme se tient debout », c'est le dernier vers de *Visage nuptial*; comme c'est la dernière ligne de *Louis Curel de la Sorgue* : « Il y a un homme à présent debout, un homme dans le champ de seigle, un champ pareil à un chœur mitraillé, un champ sauvé. » Et s'adressant à nous lecteurs, ce poète hermétique sans ruses, ce grand camarade prophétique et bon de tout l'avenir dont il nous fait don, dit simplement : « Salut à celui qui marche à mes côtés au terme du poème. Il passera demain debout sous le vent » (*s*).

Dans cet espace, l'air et la lumière célèbrent éternellement des noces de cristal. Pays éclatant de « châteaux ultra-violets » et de « tuiles transparentes » (*m*) où le regard est un « verger d'étoiles »; tandis que « ce soir un village d'oiseaux – très haut exulte et passe » (*s*). Et je renonce à commenter, de *Visage nuptial*, ce distique où sont enfermées pour l'éternité les plus limpides propriétés sensorielles de l'étendue : « Chimère, nous sommes montés au plateau – Le silex frissonnait sous les sarments de l'espace. »

Le soleil est maître ici, le jour y maintient

l'homme « sur l'enclume de sa fureur blanche »; les beaux visages y rayonnent, « moulins à soleil » dans « l'été luxueux ». Midi est l'heure culminante : « muet silex de midi » (*s*), « tribunaux de midi » (*d*), dit le poète, de ces rayons qui tracent le monde le plus exact dépouillé d'ombres : comme Valéry disait : Midi le juste. Depuis Leconte de Lisle on a découvert ce moment flamboyant, où la divinité du soleil a cessé de paraître fable. C'est l'heure où « les mondes imaginaires chauds circulent sans arrêt dans la campagne à l'époque des moissons » (*m*) : sensation égale en splendeur notée, à celle de l'« air épais où circule un immense soleil » – (Char oblige à ressentir la hardiesse ignorée du vers parnassien); – égale au premier quatrain de *Midi*.

*

Ouvrons ici une parenthèse assez longue.

La plupart des hommes jeunes, quand ils parlent de la mort ne savent pas ce qu'ils disent. Il est un temps de la vie de l'homme pendant lequel il jouit en totalité du sentiment permanent de sa propre immortalité. Il ne pense guère à sa propre mort; et surtout, si quelque spectacle ou quelque lecture le contraignent à cette hypothèse, il n'y croit pas. Cette merveilleuse imperméabilité *à la sensation que donne l'idée de la mort* dure à travers l'enfance et l'adolescence, dont elle est peut-être l'arrière-plan psychologique le plus spécifique; elle accompagne quelquefois longtemps la santé de l'âge mûr. Puis, un jour, l'homme découvre, avec quel moment de détresse, qu'il a perdu cette invulnérabilité, que sa propre mort est devenue croyable.

Alors commence un drame intérieur inéluctable, car la vie, – je dis la vie et non son agonie quotidienne empoisonnée –, ne s'accommode pas de cette présence à son côté. Ou se divertir de cette sensation, ou s'en guérir. Et nous ne sommes jamais indifférents à la manière dont un homme a raconté sa descente aux enfers, et son retour; et comme Ulysse nous ne nous lassons pas d'interroger ceux qui sont revenus de la sensation de la mort.

*

Lorsque René Char commence à parler de la mort, dans *Le Marteau sans maître*, on a l'impression qu'il ne sait pas encore. La mort reste une idée qu'il peut manier avec indifférence, une abstraction. L'idée froide de la mort a toujours été un thème fascinateur, une sorte d'arrière-plan prestigieux aisément. Le surréalisme a, comme beaucoup d'écoles avant lui, manipulé l'idée de la mort avec complaisance, avec légèreté. L'homme jeune en général ne résiste pas d'ailleurs au désir légitime de parler de la mort, comme de l'amour, prématurément; d'apprivoiser déjà cette irréalité vertigineuse qui deviendra réalité un jour. Peut-être à ce besoin s'ajoutait ici l'intention d'obséder d'une façon provocante, au moyen d'une idée si désagréable au commun des mortels. Ne faut-il pas, tout au moins partiellement, comprendre ainsi l'énumération suivante : « La vie, le mouvement, la paralysie, la mort est un voyage par eau »? Ou bien ces deux vers faits pour exaspérer les gens pour qui le suicide est un crime : « Demain commenceront les travaux poétiques – précédés du cycle de la mort volontaire »? De même, plus que le goût de la mort, c'est une utilisation tout ornementale, ou toute spéculative, de l'idée de la mort que je trouve dans les passages suivants : « Nous touchons au nœud du métal – Qui donne la mort – Sans laisser de traces »; ou bien : « Proie insensible – Projetée indistinctement – En deçà du désir et au-delà de la mort »; ou encore : « Nous aurons en dormant – Encore surpeuplé l'espace entre la vie et la mort »; ou enfin : « Tard dans la nuit nous sommes allés cueillir les fruits indispensables à nos songes de mort : les figues violettes » (*m*).

Le ton est déjà différent dans *La Manne de Lola Abba* : « Ceux qui ont vraiment le goût du néant brûlent leurs vêtements avant de mourir. » Il s'agit encore ici d'une spéculation, dépourvue de véritable frémissement. Mais elle a la gravité d'une règle méditée, d'une irrévocable disposition testamentaire. Dans les derniers *Poèmes militants* se produit enfin vraiment l'apparition de la sensation de la mort. Indice éloquent, à partir du moment où la mort devient sensation, le mot lui-même, commode signe conventionnel qui permettait de se servir de l'idée des autres, cesse brusquement d'être utile; quand le poète entre en possession de la perception que ce mot figurait, une image naît : « Laissons filer au blutoir des poussières les corps dont nous fûmes épris » (*m*), dit le poète. Et, dans une éclosion parallèle à celle du pain, cette poussière, figure usée de la mort, va redevenir au contact d'autres mots imprévus et parfaitement mariés à elle (ici c'est le blutoir qui ressuscite la poussière), va redevenir, dis-je, la couleur vivante d'une sensation individuelle de l'idée de la mort. « Cette nuit, au faîte de sa splendeur, mon amour aura à choisir entre deux grains également sordides de poussière » (*m*). Et encore : « Essaime la poussière : nul ne décèlera votre union » (*m*). Ou encore : « Poussière, tu m'émeus aux larmes[1]. »

Comme le dit Char lui-même, maintenant « le poète en sus de l'idée de la mort, détient en lui tout le poids de cette mort » (*m*). A partir de ce moment la mort cesse d'être emblème, et devient problème.

Char ne néglige pas « les usages de la mort » (*p*), les leçons à tirer de cette idée inhabitable. « La pensée de la mort, dit-il par exemple, en nous contraignant à mesurer notre vitesse, nous facilite et adoucit nos mutations » (*m*). Mais son tempérament, sa vie, ne le portent pas à résoudre le problème par une cohabitation disciplinaire avec l'idée de la mort. « Solitaire, comment se divertir? S'assimiler et approprier son futur néant, fortification et offrandes vaines de nécessité. O monnaie d'hélium au visage lauré » (*m*). Sans chercher à s'en divertir artificiellement, René Char renonce aussi à s'obséder du sentiment de la mort

1. R. Char, *Dépendance de l'adieu.*

jusqu'à se nourrir de cette obsession, et lui trouver un sens. Il s'oriente vers la paix vivante d'une acceptation matérialiste de la mort. On dira que cette solution n'a rien d'original; mais l'originalité précisément, c'est l'accent poétique de sa conviction. Un sermon philosophique à la Le Dantec peut nous prouver par $a + b$ que nous avons bien tort de nous laisser tourmenter par les vieilles images de la mort. Efficace tant que nous ne percevons pas le goût de la mort, l'argumentation de Le Dantec est inopérante au moment exact où nous en aurions physiologiquement besoin. Au contraire, parce qu'elle n'est pas raisonnée seulement, mais vécue, et que cette vie est exprimée en poème, la sérénité du poème de Char nous transfère sa paix. « Mort, tu nous étends sans nous diminuer. Me voici devant toi moins inquiet que la paille... » (*m*).

Contre une sensation invincible autrement, le poète lutte, non par le raisonnement pur, mais par la découverte et l'exaltation de sensations antidotes. Et comme il est poète, il nous transmet le pouvoir de retrouver à notre tour, à travers son expression, ces sensations mêmes.

Cette lutte contre la présence de la mort sera certes et longtemps peut-être « une atroce performance psychique », elle aussi. « *Entre innocence et connaissance, entre amour et néant*, dit René Char – et il souligne le maître-mot qu'il rejette au haut de sa phrase – *le poète étend sa santé* CHAQUE JOUR. » Contre ce cancer au cerveau, le poète sait que toute idée qui ne devient pas émotion reste une médication inassimilable. C'est une santé qu'il faut se refaire, et, il le dit encore mieux, c'est un toucher particulier qu'il faut avoir ou réacquérir : « Le poète ne s'irrite pas de l'extinction hideuse de la mort, mais confiant en son toucher particulier transforme toutes choses en laines prolongées » (*s*).

*

C'est dans cette perspective qu'il faut replacer l'analyse du grand paysage méditerranéen dont René Char a su tirer comme Héraclite, ou Lucrèce, ou Leconte de Lisle, ou Nietzsche, cette suprême vertu : le sens exact de la mort.

Comme pour tous ceux-ci, pour René Char, *Midi* c'est l'heure grecque par excellence, l'heure où l'homme des pays solaires peut fréquenter l'idée de la mort avec une sérénité objective dont nulle religion jamais n'approcha. Paul Valéry dit de ce moment rare où le temps a la saveur d'une éternité sensible : « L'air était de feu; la splendeur absolue; le silence plein de vertiges et d'échanges; la mort *impossible ou indifférente*; tout formidablement beau, brûlant et dormant; et les images du sol tremblaient. » C'est l'argument même du *Cimetière marin*. Leconte de Lisle n'était pas arrivé, dans les trois derniers quatrains de *Midi* à transmettre sa sensation dépouillée de toute rhétorique (Homme, si le cœur plein de joie, etc.). Nizan peut-être a su donner le détail de ce paysage grec, où l'immobilité de la lumière au zénith donne à l'homme, avec une perception matérielle de l'éternité, un cerveau tout à coup purifié de l'horreur de finir.

Il faisait déjà très chaud sur les hauteurs, et les crêtes vibraient comme des flammes blanches et bleues. Tout était parfaitement clos et résumé : c'était un de ces paysages qui possèdent en eux-mêmes toutes leurs raisons, où pas une ligne de fuite, pas une absence, pas une aspiration de l'horizon ne font penser à la grandeur terrible de la terre; rien ne paraissait vieillir, se transformer, au sein d'un monde qui de seconde en seconde se répétait toujours identique à lui-même *comme une très grande œuvre perpétuellement inventée... On était mis à sa place dans ce monde qui se suffisait absolument, on n'y avait plus ni passé ni avenir, le temps et la mort paraissaient suspendus, on était établi dans la grande aventure imaginaire de la répétition des instants éternels*[1].

Char, avec la densité des grands poètes, a clos dans un tercet qui pourrait s'appeler la Mort grecque, ou la Mort d'Héraclite, la sensation de ce moment où l'idée de la mort est la plus petite et la plus indolore possible; le sentiment merveilleux de cette rare victoire de la lumière matérielle sur les maladies imaginaires de la mort :

Mort minuscule de l'été
Dételle-toi mort éclairante
A présent je sais vivre (m).

1. Nizan, *La Conspiration*, p. 117-118.

CONGÉ AU VENT

A flanc de coteau du village bivouaquent des champs fournis de mimosas. A l'époque de la cueillette, il arrive que, loin de leur endroit, on fasse la rencontre extrêmement odorante d'une fille dont les bras se sont occupés durant la journée aux fragiles branches. Pareille à une lampe dont l'auréole de clarté serait de parfum, elle s'en va, le dos au soleil couchant.

Il serait sacrilège de lui adresser la parole.

L'espadrille foulant l'herbe, cédez-lui le pas du chemin. Peut-être aurez-vous la chance de distinguer sur ses lèvres la chimère de l'humidité de la Nuit.

RENÉ CHAR,
Seuls demeurent.

On vient de lire un des poèmes les plus nus qui puissent être. Je veux dire un de ces textes dans lesquels la beauté paraît, presque sans rapports visibles avec les moyens de l'obtenir. Tous ceux pour qui le secret d'une esthétique est dans la stricte application d'une poétique formellement définie, iront se perdre dans la pureté de cette poésie élémentaire.

Si j'espérais définir l'impression née pour moi de ce poème, je dirais qu'il apparut à mes yeux comme l'allégorie la plus charnelle qui soit du monde méditerranéen. Deux traits suffisent à cerner ce domaine étendu, des « champs de mimosas » à l'image desquels correspond sur un chemin cette « espadrille foulant l'herbe ». Je note même que le mot le plus neuf, ici, ce verbe inattendu pictural, bivouaquer, qui ferait trouvaille autre part, heureusement ne retient pas.

Le prestige éclatant de cette vision échappe de manière continue à tout procédé, à toute liaison syntaxique. Des tours qui rompent avec la mécanique grammaticale : « Loin de leur endroit », « la rencontre extrêmement odorante », sont naturalisés par le texte. De même cette décentration physiologique, qui nous réveille d'ordinaire (lorsque Paul Valéry dit : « quel corps me traîne à sa fin paresseuse » –, ou bien que Supervielle aperçoit les mains « en train de rêver pour leur propre compte »). Le détachement de ces « bras qui se sont occupés durant la journée aux fragiles branches » n'est pas essentiel ici.

La dimension allégorique naît d'éléments imprévisibles; il n'y a pas concordance avec une rhétorique, il y a bonheur. Cette Cueilleuse de Mimosas sur-le-champ s'égale au Printemps de Botticelli. On remarquera, dans l'apparition célèbre du Florentin, que le pouvoir allégorique n'est pas obtenu par des attributs conventionnels, ailes, emblèmes. Le détail qui suffit à douer la Grande

Femme Aérienne de ce pouvoir d'incarner l'invisible printemps, c'est qu'elle marche à la pointe des herbes. Encore peut-on douter que le peintre ait expressément voulu la détacher de terre, et si peu. C'est parce qu'*elle s'en va* que la cueilleuse de mimosas vit sur la toile du poète; peut-être toute la vertu du mot vient-elle du fait que le verbe est absolu. Parce qu'elle s'en va, *le dos tourné au soleil couchant*, c'est une figure d'ombre à contre-jour au cœur d'une grande lumière, – et le contre-jour grandit. Et c'est parce qu'elle s'en va le dos tourné au soleil couchant qu'elle est *pareille à une lampe dont l'auréole de clarté serait de parfum* : auréole de parfum tangible parce qu'en dépit du conditionnel, à cause même de l'image du couchant, l'auréole de clarté existe aussi dans notre imagination, se superpose à l'autre et l'exprime par correspondance.

Trois touches suffisent à manifester la magie d'une simple rencontre. Les champs de mimosas, la fille, et l'espadrille en regard font trois notes réalistes, attestant l'attenance à notre monde de cette rencontre, qui eût pu n'être aussi bien qu'un instantané sentimental.

Comme « la rencontre extrêmement odorante » menait l'esprit d'onde en onde à « l'auréole de parfum », la *lampe* et l'*auréole*, – la phrase qui les porte recolore ces images qui sont à tous – la lampe et l'auréole, donc, confèrent une gravité solennelle à la femme qui s'avance. Un trait s'ajoute et lui donne sa grandeur définitive : « il serait *sacrilège* de lui adresser la parole. » On a croisé quelque chose de beau comme un dieu : la

Femme des bords de la Mer Intérieure, la choéphore, la canéphore, la porteuse de tout ce que le monde méditerranéen peut offrir. Le poète a souhaité qu'avec cette noblesse, cette lenteur et cette dignité sculpturales, cette porteuse apporte aussi gravement le Désir et l'Amour : « Peut-être, dit-il, aurez-vous la chance de distinguer sur ses lèvres la chimère de l'humidité de la Nuit. »

Cette porteuse de mimosas, c'est tout ce que la Provence, et l'Italie, et la Grèce, et l'Espagne et l'Anatolie même et les pays arabes peuvent offrir à l'homme; ou du moins ce qu'il en a toujours attendu. On est devant une allégorie spontanée.

PLAISIR AU POÈME

Il venait à vous par des sentiers invisibles, favorisait l'audace écarlate, ne vous contrariait pas, savait sourire.

RENÉ CHAR,
« L'absent », *Seuls demeurent.*

« *Jusques à nos jours*, écrit Paul Valéry parlant de la poésie, *jamais une trouvaille, ni un ensemble de trouvailles n'ont paru constituer un ouvrage.* » C'est ainsi qu'on introduit, dans l'observation la plus positive en apparence, le postulat le moins sûr : ce petit mot d'*ouvrage* est à lui seul une définition du poème; car enfin, c'est une thèse, et qui reste à prouver, que la poésie doive aboutir à des *ouvrages*. Surtout quand Valéry ajoute aussitôt : « Les dieux, gracieusement, nous donnent *pour rien* tel premier vers; mais c'est à nous de façonner le second, qui doit consonner avec l'autre, et n'être pas trop indigne de son aîné surnaturel[1]. »

1. Paul Valéry, *Variété* I, p. 65, 66.

Si une chose peut prouver qu'on est là devant quelque béquille poétique, c'est probablement cette simple observation : la formule valéryenne d'exécution du poème étant admise, tout se passe comme si l'opération du lecteur consistait uniquement à défaire le travail du poète; consistait à retrouver, sous le glaçage illusoire de la facture, ces vers premiers, ces dons des dieux, seuls à posséder et transmettre ce que nous cherchons dans le poème. Il est certain que c'est bien là le traitement auquel nous soumettons Racine, ou Baudelaire : à ce point de notre esprit où leur poésie nous devient consubstantielle, ces poètes ont cessé pour nous d'être des auteurs d'ouvrages : ils nous apportent des fragments étonnants, liés dans notre esprit par des rapports illogiques, des rapprochements efficaces mais indépendants des titres et des ouvrages. Le poème réel que fournit à ma sensibilité le Songe d'*Athalie* est totalement délié de la tragédie dont il est le clou suranné : tous les commentaires du monde, et non sots, sur sa pertinence dramatique, sur son habile utilisation de la langue biblique, sur son réalisme, longtemps furent impuissants à m'en faire un poème. Parce que le poème était ailleurs, dans le coloris rouge et noir, dans le réalisme onirique de ce récit de rêve, avec le spectre de vieille Juive fardée, le baiser maternel, les grands chiens de la Bible. Seule une critique surréaliste pouvait extraire du Songe le poème intégral qu'une suite de malentendus littéraires y laissait presque inemployé[1].

En fait, il apparaît bien que le poème cesse où cesse aussi le don des dieux : au-delà s'étendent les mirages de la technique, l'esprit, l'adresse, les déserts de la poétique qu'on traverse ou qu'on évite, jusqu'au prochain vers. La phrase de Valéry ne codifie sûrement qu'une erreur d'optique du poète vrai sur son travail créateur; ou une erreur du faux poète sur la nature du poème. Char s'est mieux écouté lorsqu'il affirme que la poésie est obtenue par une sorte de « commotion graduée », de « fortune » continue, c'est-à-dire par le flux d'une émotion ou d'une suite d'émotions traversant le poème tout entier, chaque vers pour ainsi dire allumant le suivant. Au nom de préconceptions logiques, de plans préalables à froid mal réchauffés, le poète aura toujours tort de faire un poème plus long que son émotion. Tel texte, en six lignes et fidèle à sa loi, est un ouvrage considérable, ainsi *Congé au vent* – et nous n'avons nul besoin de longs travaux pour y séparer du reste un chant authentique, comme Valéry doit faire pour *Adonis* et La Fontaine. Tel quatrain, tel distique, tel vers même, isolés définitivement de leur contexte laborieux, poursuivent à jamais dans la mémoire des hommes une carrière

1. Impuissance des commentaires traditionnels à faire sourdre du Songe la poésie qu'il recèle : cette impuissance est mesurée par le fait que les mêmes arguments qui lui servent à mettre haut le Songe servent aussi à magnifier la transe de Joad et sa fausseté criarde.

éblouissante, – châtiment des poètes qui se condamnèrent à devoir habiller leurs trouvailles.

Mais le mot de Char opposé aux deux phrases de Valéry m'intéresse ici beaucoup moins quant à la création du poème par le poète, que quant au problème de la perception de la poésie par le lecteur. On vient de voir déjà, et chacun peut vérifier dans sa propre expérience, combien pour le lecteur la poésie est trouvaille aussi. En règle générale, ce n'est pas à la lecture qu'on reçoit le poème. Ni à la première lecture, évidemment, ni à celles qui suivent bien souvent. (Non qu'on ne puisse être ébloui, frappé; au contraire.) L'esprit sensible aux poèmes, mais fruste encore, inexpérimenté, s'étonne parfois, se décourage à constater ceci : qu'il a envie de prendre un poète préféré, qu'il le prend, qu'il le lit, – et qu'il ne se passe rien. Quelquefois nous savons que le poème est beau, mais nous ne le sentons pas; ou bien, avec désespoir, nous ne le sentons plus. Nous croyons que le poème est devenu aride, alors que presque toujours c'est nous qui le sommes. La lecture est acquisition, la plupart du temps, non possession. Les vrais lecteurs des poètes le savent bien, les poèmes ne se lisent pas, on les fréquente, on les sait par cœur, à son insu même. Puis un jour, au hasard, une émotion personnelle interrompt votre méditation, votre rêverie, votre travail, n'importe où : la création du poème par le lecteur est une opération parallèle à celle du poème par le poète. Pour le lecteur aussi la poésie est involontaire, l'authentique rencontre avec la poésie et non l'échauffement artificieux sur un texte.

La pénétration du poème se fait donc au hasard des émotions, loin de la logique des ouvrages. C'est un vers çà et là qui s'éclaire, et souvent ce n'est pas le premier. Il faudrait raconter le cheminement hasardeux de l'esprit parmi les poèmes. Voici le poème intitulé *Calendrier*, dans *Seuls demeurent* :

J'ai lié les unes aux autres mes convictions et agrandi ta présence. J'ai octroyé un cours nouveau à mes jours en les adossant à cette force spacieuse. J'ai congédié la violence qui limitait mon ascendant. J'ai pris sans éclat le poignet de l'équinoxe. L'oracle ne me vassalise plus. J'entre : j'éprouve ou non la grâce.

Poème longtemps fermé pour moi : d'une manière inanalysable d'abord, je suis attiré par le ton, – par la musique, non pas des sonorités mais des émotions qu'elles expriment, une sorte d'assurance tranquille, de victoire sereine. Par la scintillation aussi de quelques mots séparés. La première phrase qui s'ouvre est celle-ci : « L'oracle ne me vassalise plus. » Phrase polémique, où je retrouve l'hostilité de Char envers une exploitation mécanique des trésors de l'inconscient, – l'*oracle*. A partir de là, je remonte le texte aisément, je saisis cette autre répudiation de la violence arbitraire, de la subversion superficielle. Seulement alors une autre phrase, dont j'avais goûté sur-le-champ la simplicité superbe, acquiert sa transparence : « J'entre : j'éprouve ou non la grâce ». Le poète a lié les unes aux autres ses convictions, il a renoncé aux excitants poétiques, à la violence et l'oracle; et, débarrassé d'eux, il a senti s'agrandir la présence réelle de la poésie réelle; il se sent baptisé, il octroie un cours nouveau à ses jours en les adossant à cette force spacieuse. Il sent s'il a la poésie ou non, il a renoncé à courir après elle, à vouloir en produire d'indécents fac-similés. Apaisement absolu de l'homme qui, ayant une fois vu la poésie, sait ce qu'elle est, ne doutera plus, n'errera plus, la reconnaîtra toujours.

Longtemps je me nourris de ces trois phrases; ou mieux, de la dernière, qui m'éclaire peu à peu longuement sur mes rapports avec la poésie, moi lecteur; jusqu'au jour où je la comprends dans sa plénitude, où je découvre que non seulement elle définit le poète, mais qu'elle me définit aussi devant le poème : moi aussi, moi lecteur, je sais que je puis dire : « J'entre : j'éprouve ou non la grâce », et que c'est là une des lois fondamentales du plaisir au poème.

Mais je tourne autour de cette autre phrase en vain, que je pressens pourtant la plus belle : « J'ai pris sans éclat le poignet de l'équinoxe. » Ce n'est pas parce que l'équinoxe est nanti d'un poignet que cette image est insolite, est surréaliste, est belle; cela, je le sais déjà. J'ai frôlé longtemps ce poème. Rien, sinon une joie mienne, une émotion mienne, ne pouvait me faire entrer dans le chant de ce que je sentais être une haute joie d'homme. Je savais, au ton seul, que l'homme qui a écrit cette ligne, ne fût-ce qu'un instant s'est senti dieu :

mais c'était tout ce que je savais, je ne sentais ni ne savais pourquoi encore.

Je sais qu'il faut attendre. J'ai l'expérience de cette page de René Char, par exemple, qui s'intitule *Congé au vent*, longtemps je ne sus pas pourquoi. Je savais qu'on ne force pas le poème. Je m'interdisais de raisonner sur ce titre, de raisonner ce titre. Un jour peut-être à son égard abondance viendrait, l'unité du titre et du poème apparaîtrait, je comprendrais *Congé au vent* dans son poème. Le jour en effet finit par venir où la cueilleuse de mimosas se leva, pareille à une lampe dont l'auréole de clarté serait de parfum, et je perçus qu'il n'y avait pas un soufle de vent, que rien ne faisait trembler cette lumière. J'entrevis que le titre d'un poème pouvait à lui seul être un autre poème, une sorte de ciel dont la coloration descendait sur le texte entier, – chose fréquente chez René Char. Je percevais ainsi depuis longtemps déjà dans l'*Invitation au voyage* un charme indéfinissable en plus de tous les autres charmes, – et je compris tout à coup que ce plaisir en plus que j'y goûtais, c'était, posé comme un accord initial, la perfection du titre, l'harmonie merveilleuse entre le poème de Baudelaire et le titre.

Je savais donc qu'il ne fallait pas toucher ce beau vers dans ma mémoire dont j'attendais une joie quelque jour. Aujourd'hui que je le possède, je peux parler de ces raisonnements qui tuent les plus beaux des poèmes. « J'ai pris sans éclat le poignet de l'équinoxe. » Inutile de s'hypnotiser sur l'allitération pris-poignet. Inutile de soumettre à des opérations rationnelles les propriétés logiques et littéraires du mot équinoxe. Pourquoi équinoxe? Pourquoi cette nuit égale au jour? Ou bien pourquoi cette allusion aux tempêtes, aux marées? Voilà les questions qu'il ne fallait pas poser.

Un jour ce vers vint à ma rencontre. Saurai-je dire pourquoi? C'était tôt le matin, c'était la campagne, j'allais par de petits chemins. J'allais sans y penser à quelque humble besogne. La veille avait été une journée splendide et cela peut-être a compté. J'étais allègre, et je marchais bon pas, certainement j'étais sans y songer tout près de mon poème. Mais rien de tout ceci n'explique entièrement pourquoi je vis dans ce vers ce que je n'y avais jamais encore aperçu. J'y vis soudain la douceur du geste, l'autre membre de la phrase éclipsé par l'éclat du mot équinoxe : *j'ai pris sans éclat le poignet* de l'équinoxe. Je vois ce geste, je me souviens maintenant de cette nuance qu'il y a dans la tendresse chaque fois que l'on prend – ou plutôt les rares fois – qu'on a pris, non la main, mais le poignet d'une femme. Ce trouble, cet espoir de plus, cette confiance déjà. Il a fallu, venus je ne sais d'où je ne sais pourquoi vers ma joie de ce matin-là, des souvenirs d'amour et de femme, pour qu'un vers, – un vaste poème, – naquît en moi. L'équinoxe a pris le visage des femmes auxquelles un jour j'ai pris le poignet, le visage qu'elles avaient quand je leur ai pris le poignet. Cette gravité. Cette sérénité. Cette tendresse. J'ai reconnu l'équinoxe, le plus beau visage du temps : arrêté dans sa trajectoire par l'émotion, par l'amour, par la poésie. Je vérifie maintenant l'exactitude émotionnelle de « l'équinoxe »; de cette image d'égalité des temps sidéraux, qui me suggérait à mon insu dans le tissu d'une phrase toute douceur, la paix dans l'écoulement du temps.

J'ai pris sans éclat le poignet de l'équinoxe, a dit le poète. C'est-à-dire : touché par la grâce poétique, par l'émotion salubre, je me sens accordé au temps au cours d'une opération ineffable et pourtant exprimée. C'est-à-dire : Je suis heureux.

SUR UNE IMAGE ET SA FRÉQUENCE

Au bout du bras du fleuve il y a la main de sable qui écrit tout ce qui passe par le fleuve.

RENÉ CHAR,
Le Marteau sans maître, p. 63.

Une jeune fille à taille d'amanite apparaît, égorge un coq, puis tombe dans un sommeil léthargique, tandis qu'à quelques mètres de son lit coule tout un fleuve et ses périls. Ambassade déportée...

ID., *ibid.*, p. 65.

Nécropole fluviale.

ID., *ibid.*, p. 77.

Seuls aux fenêtres des fleuves – Les grands visages éclairés – Rêvent qu'il n'y a rien de périssable – Dans leur paysage carnassier.

ID., *ibid.*, p. 86.

Ses lèvres de fleuve...

ID., *ibid.*, p. 91.

Mon attention est attirée par un large fleuve, sans sinuosité, qui s'avance vers moi, creusant son lit sur son passage.

ID., *ibid.*, p. 122.

Ma mémoire réalise sans difficulté ce qu'elle croit être l'acquis de ses rêves les plus désespérés tandis qu'à portée de ses miroirs continue à couler l'eau introuvable.

ID., *ibid.*, p. 55.

A l'embouchure d'un fleuve où nul ne se jette plus parce qu'il fait du soleil d'excréments sous les eaux panachées, le poète seul illumine.

Moulin premier.

Dans la constellation des Pléiades, au vent d'un fleuve adolescent, l'impatient Minotaure s'éveillait.

Seuls demeurent.

... Ce fleuve mal aperçu..., ce fleuve radiant et énigmatique baptisé Marteau sans maître.

Le Marteau sans maître, 1945.

Il est curieux, il est instructif que pour exprimer des sensations, des idées tout à fait distinctes à première vue, le poète ait été ramené à des variantes d'une image unique.

Ce n'est pas l'emprunt d'une métaphore ayant cours, le tic d'un langage monotone. Il suffit de se reporter aux textes pour saisir aussitôt les usages toujours inattendus de ce fleuve si souvent présent. On est devant l'une des lignes solides d'un paysage intérieur.

*

Il sera difficile de trouver pourquoi René Char aime cette image de fleuve. Un tainien sur-le-champ y verrait le milieu : Char est né à quelques kilomètres de la Fontaine de Vaucluse, où la Sorgue toute faite sort d'un tunnel dans le roc, comme un solide géométrique, comme un train. Ce fleuve sans commencement logique, ce fleuve apparu, peut avoir marqué l'imagination d'un enfant. Le caractère profond, prélittéraire, extra-littéraire, de cette image chez René Char est justement souligné par la place qu'elle tient dans la sténographie d'un de ses rêves vrais[1]. Trait notable, le fleuve dans le rêve est comme une image renversée de la Sorgue. Ce « large fleuve qui s'avance (vers le poète) *creusant son lit sur son passage* », c'est, comme la Fontaine de Vaucluse, une sorte de fleuve sectionné, mais par l'avant.

Une telle explication est une hypothèse entre plusieurs autres. Ce fleuve si souvent évoqué, René Char aussi bien peut le devoir à l'un de ses poètes préférés; ou à Héraclite peut-être, qui dit que tout s'écoule, que dans le même fleuve ce sont toujours d'autres eaux qui s'écoulent et que nous ne plongerons jamais deux fois dans les mêmes eaux; ou bien aux surréalistes qui ont reparlé du philosophe grec; ou bien tout simplement, il peut le devoir au besoin, et au pouvoir, de réincarner les vieilles locutions devenues des outils linguisti-

1. A quoi je me destine (*Le Marteau sans maître*, p. 121).

ques abstraits, le fil des jours, le cours des ans, l'océan des âges et les flots du temps.

*

Mais il importe beaucoup plus d'abord de déterminer la substance et la qualité de ces images que leur origine.

Toutes sont liées à une sensation de la vie et du temps. Cette main de sable, qui au bout du bras du fleuve écrit tout ce qui passe par le fleuve, c'est la vie transcrite, avec ses limons et ses eaux, par une écriture automatique. Dans la même œuvre, deux images s'opposent d'ailleurs à celle-ci, marquent les limites du moyen surréaliste d'investigation. Cette « jeune fille... qui tombe dans le sommeil léthargique », c'est la poésie des médiums, mais elle reste une « ambassade déportée », c'est « à quelques mètres de son lit que coule tout un fleuve et ses périls », fleuve qui est la vie et sa poésie. Et c'est encore la poésie de la vie, cette « eau introuvable » qui « continue à couler à portée des miroirs [de la mémoire] quand elle réalise sans difficulté ce qu'elle croit être l'acquis de ses rêves les plus désespérés ».

*

Ces images toutefois, pour saisissantes qu'elles soient – et je trouve telles ces deux dernières, ainsi que celle du fleuve dans le rêve – ne sont pas encore des images géantes, de celles qui font à elles seules un poème.

C'est dans les *Poèmes militants* que nous rencontrons une image de cette dimension :

Seuls aux fenêtres des fleuves
Les grands visages éclairés
Rêvent qu'il n'y a rien de périssable
Dans leur paysage carnassier.

Si l'on analyse l'effet des deux premiers vers, on trouve à l'origine le temps perçu comme une réalité palpable. Les fleuves, dans cette image, sont devenus des sortes de prismes d'eau, des solides habitables, habités par les grands visages éclairés des poètes. Cette sensation existait déjà, moins explicite, dans les images parentes : les fleuves n'y sont presque jamais perçus comme une ligne ou comme une surface, mais comme un volume; ceci est sensible surtout pour le fleuve du rêve qui s'avance vers le poète en creusant son lit, et pour ceux qui coulent, comme extravasés, sur la terre, à portée des êtres vivants. Puis les « fenêtres des fleuves » conduisent le lecteur lui-même à prendre place à l'intérieur de ces fleuves qui sont le temps, et aussi des véhicules étranges grâce auxquels l'homme se sent porté par ce temps. « Fenêtres » et « fleuves », deux mots rapprochés suffisent à faire voir des épaisseurs d'eau à hauteur d'œil et des hublots, suggèrent une espèce de Nautilus à explorer le temps, de fusée intertemporelle. On est le passager du véhicule-temps. (Le continuum einsteinien, conçu justement comme le volume de révolution engendré par l'Espace se déplaçant le long du Temps, il me semble que je l'entrevois enfin par l'image de Char; que je me sens le passager de cette trajectoire habitée, l'Espace-Temps. A la lumière de cette expérience poétique, l'imagination se vérifie bien comme une sorte de sixième sens, celui de « la connaissance productive », c'est-à-dire de la sensation naïve et directe du réel.)

*

Et je comprends mieux tout à coup ma répugnance à répondre à la question banale : quel poème préférez-vous de Baudelaire, de Rimbaud? Je perçois qu'au-dessus des poèmes formels, il puisse exister dans une œuvre une autre unité poétique qui soit un thème fait de vers, de bribes, d'images et de rythmes épars un peu partout dans l'œuvre. Un système en quelque sorte, qui ne soit complet que dans la gravitation de toutes ses planètes. Je perçois mieux chez Baudelaire un *Nocturne*, une *Marine* par exemple, espèces de sur-poèmes infus qui sont peut-être ses vrais poèmes. Un vers de l'*Albatros*, un quatrain de *L'Homme et la mer, Parfum exotique, Le Beau Navire, L'invitation au Voyage, A une Malabaraise* avec un distique du *Voyage à Cythère* et le premier vers de *La Musique* ne sont au fond qu'un seul poème et reconstituent par leur ensemble une même émotion distincte qu'il y avait dans l'âme de Baudelaire, une admirable marine XVIIe ou XVIIIe siècle, quelquefois sans rapports avec les fragments prétextes de son expression. On se sent même très assuré dans ce cas particulier, car

Baudelaire a livré lui-même à son insu la formule algébrique de l'émotion qu'il poursuit à travers ses poèmes : « Je crois que le charme *infini* et *mystérieux* qui gît dans la contemplation d'un navire, écrit-il dans *Fusées*, et surtout d'un navire en mouvement, tient, dans le premier cas, à la régularité et à la symétrie, qui sont un des besoins primordiaux de l'esprit humain, au même degré que la complication et l'harmonie; et, dans le second cas, à la multiplication successive et à la génération de toutes les courbes et figures imaginaires opérées dans l'espace par les éléments réels de l'objet. L'idée poétique qui se dégage du mouvement dans les lignes, est l'hypothèse d'un être vaste, immense, compliqué mais eurythmique, d'un animal plein de génie, souffrant tous les soupirs et toutes les ambitions humaines. »

On surprend ici l'émotion qui, unie à d'autres aussi fondamentales quelquefois, a nourri les poèmes. De même y a-t-il chez René Char un surpoème des fleuves et du temps, qui n'est en entier dans aucun des fragments étudiés; mais on ne saurait distraire aucun de ces fragments sans altérer la saisie du plus beau.

PARAPHRASE

Ce sera quand le Globe et tout ce qui l'ha-
[bite,
Bloc stérile arraché de son immense orbite,
Stupide, aveugle, plein d'un dernier hurle-
[ment,
Plus lourd, plus éperdu de moment en
[moment,
Contre quelque univers immobile en sa force
Défoncera sa vieille et misérable écorce,
Et laissant ruisseler par mille trous béants,
Sa flamme intérieure avec ses océans,
Ira fertiliser de ses restes immondes
Les sillons de l'espace où fermentent les mon-
[des.

LECONTE DE LISLE.
Solvet Seclum, Poèmes barbares.

Qu'on lise *Mission et révocation (s),* l'esprit détendu, librement pénétré. « Le poète recommande : Penchez-vous, penchez-vous davantage » (*s*). Qu'on ne contracte pas d'abord le sourcil, ni le cerveau; qu'on s'abandonne au droit des mots à parler eux-mêmes. Qu'on relise; et qu'on laisse faire...

Devant les précaires perspectives d'alchimie du dieu détruit – inaccompli dans l'expérience – je vous regarde formes douées de vie, choses inouïes, choses quelconques, et j'interroge : « Commandement interne? Sommation du dehors? » La terre s'éjecte de ses parenthèses illettrées, Soleil et nuit dans un or identique parcourent et négocient l'espace-esprit, la chair-muraille. Le cœur s'évanouit. Ta réponse, connaissance, ce n'est plus la mort, université suspensive.

Les images arrivent alors à la rencontre. Vous êtes *marié au poème* (*s*), vous en avez cueilli l'irremplaçable fleur, l'émotion du premier contact. Il sera temps plus tard d'y revenir; mais il fallait, avant tout, recevoir.

La terre s'éjecte de ses parenthèses illettrées.

Voici l'une des plus puissamment hallucinantes parmi les images cosmiques. Et il en est peu : Homère sans doute et la « mer stérile »; Lucrèce, Vigny, Leconte de Lisle. L'image cosmique n'est pas l'image panique, une sorte de perception animale ou végétale de la terre. Le sens cosmique est le pouvoir inattendu de recevoir et d'exprimer, à propos de notre monde, une sensation d'ordre astronomique. Le point de vue de Sirius, littéralement. Mais le point de vue de Sirius est pour la plupart une sèche locution toute faite. Pensez à

Micromégas, à cette métaphore en cent pages impuissante à modifier l'échelle de nos perceptions. Pensez à Hugo, dont toute la fougue n'arrive jamais qu'à susciter des mirages intersidéraux, sentis comme tels; relisez *La Comète, Là-haut,* surtout *Plein ciel* : vous êtes toujours devant une espèce de fresque pour Jugement dernier, une toile grouillant de couleurs et de formes, là où il faudrait avoir suggéré jusqu'au vertige la perception du vide illimité. (Puissance à côté de la phrase pascalienne toute nue : le silence éternel des espaces infinis m'effraie...) Tout au plus, ce char aérien de *Plein ciel*, cet aéroscaphe à sphères de cuivre, à cordes, à nœuds, à soupapes, c'est un grand ballon stratosphérique, un contemporain de Jules Verne. Hugo laisse une vision qu'il est de bon ton de trouver aujourd'hui ci et ça, puissante en dépit de tant de tics : mais nous n'en recevons jamais la perception nue du cosmos.

De même, il y a chez Supervielle une ambition de rendre la sensation cosmique, qui ne satisfait jamais tout à fait : toujours écrire le mot Terre avec une majuscule, « notre vieille Terre qui tourne nuit et jour en faisant modestement son devoir »; et les couleurs « à pas de loup qui pénètrent par la croisée – avec leur longue habitude de ne pas faire de bruit – La blanche vient de Timor et toucha la Palestine – Et cette autre avec regret se sépara de la Chine. » Malgré tant d'étoiles apprivoisées, malgré « le paquebot Terre, un à un ses hublots s'ouvrant... », splendide apparition dont le voyage a tourné court, il n'y a là que du très joli, un pittoresque géographique certain, beaucoup d'esprit[1]. Des fables, où les éléments sont vivants parce qu'ils sont adroitement personnifiés, – comme les animaux dans les fables de La Fontaine, ces animaux sans intérêt pour les naturalistes qui connaissent les vrais. Aucune sensation nue. A côté le moindre vers de Vigny nous plonge à des abîmes concrets. Non les panoramas de *Moïse* ou l'espace d'*Eloa*, parents de *Plein ciel*, – mais je pense qu'un astronome, un navigateur, ne récuseraient pas la valeur sensorielle de tels vers : « Sur l'axe harmonieux des divins balanciers », ou bien : « La terre frissonna dans son orbite immense ». Ces vers sont rares, mais ils sont denses, dépouillés, probants. Ils nous transmettent une sensation qui chez l'auteur était vraiment première, antérieure à toute métaphore. (Preuve, – la cohérence du groupe métaphorique, dirait Bachelard : « Et l'équateur n'est plus qu'un anneau trop étroit », ou bien : « Et vers la ligne ardente elle *monte* en roulant. » Vigny sent toujours la sphéricité de la terre.) Ces vers épars suffisant à reconstituer dans l'esprit du lecteur une émotion unique du poète, une unité poétique. Et sur une vingtaine de vers, y compris deux strophes dans *La Maison du berger*, Vigny reste un grand poète de l'espace moderne, à saveur astronomique et mathématique.

(Leconte de Lisle aussi, qui dans *Les Hurleurs* et *Le Sommeil du condor* a devancé par une imagination exacte les perceptions de *Courrier*

1. Ces citations de Supervielle sont extraites des *Amis inconnus*.

Sud et *Vol de nuit* : Saint-Exupéry porte la preuve que Leconte de Lisle a survolé l'Afrique et la Cordillère. Et dans *Solvet Seclum*, dans *La Dernière Vision*, il exprimait la plus vaste dimension de l'espace et du temps qu'un poète ait jusqu'à lui jamais transcrite.)

Char est un de ces voyageurs interstellaires dont l'imagination parcourt le continuum Espace-Temps sans recourir au véhicule des métaphores poussives et soigneusement construites. Cette tête qui d'ordinaire habite au niveau des orages, cette « colonne d'ombre à face voûtée, endolorie et à demi-aveugle, de loin en loin – ô bonheur – scalpée par la foudre » (*s*), suffisent à donner la taille habituelle du poète. « Vivant des globes. L'ambition enfantine du poète est de devenir un vivant de l'espace » (*m*), écrit-il. Et rarement, comme Leconte de Lisle et Vigny, mais pleinement, il atteint le bonheur de nous faire physiquement sortir de notre planète et de notre temps. « Il advient au poète d'échouer au cours de ses recherches sur un rivage où il n'était attendu que beaucoup plus tard après son anéantissement. » Robinson tout à coup de l'espace et du temps. Il suffit qu'il ajoute : « Le poète s'organise, abat sa vigueur, morcelle le terme, agrafe les sommets des ailes » (*m*), pour nous imposer la sensation icarienne de ce voyage; pour nous faire éprouver dans une phrase le cycle d'étonnements que Wells obtient d'un roman tout entier. Et quel engouffrement d'éther par la porte entrouverte de celle-ci : « J'entrevois le jour où quelques hommes entreprendront sans ruses le voyage de l'énergie de l'univers. Et comme la fragilité et l'inquiétude s'alimentent de poésie, au retour il sera demandé à ces hauts voyageurs de bien vouloir se souvenir » (*s*). Voyage, énergie, univers, trois mots de tous les jours, cousus par la syntaxe classiquement banale du génitif, mais rassemblés dans un ordre éternel à compter d'aujourd'hui, contiennent la foudre d'une des plus vastes émotions qu'il soit donné d'éprouver. *Le voyage de l'énergie de l'univers* : le titre d'un livre qui se suffirait, un titre qui serait un livre.

(Qu'on n'objecte pas qu'il s'agit là d'un voyage essentiellement social, d'un voyage dans l'humain. D'un voyage *dans la bonté, contrée énorme où tout se tait*, – qui n'a rien à voir avec l'espace astronomique. Le significatif justement, c'est que le poète pour peindre son voyage humain, se soit spontanément référé à une métaphore d'ordre cosmique, comme étant à son esprit aussi familière, ou plus même. La vertu poétique de ce texte est double.)

C'est ce voyage que René Char ailleurs a formulé d'un seul vers prodigieux, dans lequel tiennent exactement les cinq cents lignes de *Plein ciel* :

La terre s'éjecte de ses parenthèses illettrées.

Pas besoin de majuscule ici, pour que la terre soit ressentie sphère et bolide. Le verbe éjecter, pronominal, tout neuf issu d'une langue technique, tout chaud de perceptions grâce à la griffe de l'éjecteur, aux tirs de guerre, évoque immédiatement sa courbe impérieuse. Notons ceci : le mot parfaitement efficace, pour que, durant le temps d'un éclair au magnésium poétique, la terre soit perçue projectile, ce mot dis-je est le contraire d'une métaphore classique c'est-à-dire logique : éjecter concerne la douille, qui reste dans la culasse, et non la balle. Mais le verbe éjecter contient par droit de correspondance la sensation de projectile, il est neuf, en dépit de toute cohérence rhétorique, il est doublement nécessaire ici, portant à la fois sensation et idée. (L'idée : que la terre se jette hors de sa trajectoire, reste conforme à l'image du verbe éjecter.)

Autre exemple aussitôt de la vertu des correspondances extra-logiques, sur lesquelles viennent buter tous les esprits rebelles à l'hermétisme : en bonne rhétorique classique, le mot parenthèse ne peut fournir d'image qu'aux idées de délai, d'exception, d'aparté. Mais dans le vers de Char l'esprit qui se laisse porter par la loi qui veut qu'*il y ait des parfums verts comme les prairies*, cet esprit perçoit d'abord le mot parenthèses avec ses courbes, comme l'orbite même de cet astre qui s'en éjecte. Dans la magie de deux mots du Port-au-Foin, nous voyons la terre sortir, par sa propre volonté, de la spirale inévitable où l'enclosent les lois de la mécanique céleste. (Hugo disait, avec une force noyée par le contexte et la cacophonie, dans *Plein ciel* : « Jusqu'à quelle distance ira-t-il du destin? ») Ces parenthèses illettrées d'où s'éjecte la terre, c'est justement ce destin aveugle des lois physiques, ces fatalités de la biologie, ce poids de toutes les forces contre l'homme subies jusqu'aujourd'hui. Tout ce mal, si nous voulons, un jour n'aura été que parenthèse illettrée dans notre sort d'hommes. Car en un seul cri Char après Hugo proclame, au rebours de *Solvet Seclum*, le pouvoir pour l'homme un jour d'empoigner la barre de son propre destin : le paquebot-planète fait dans l'éther une embardée fulgurante; il vient de naître un capitaine avec un gouvernail. *La terre s'éjecte de ses parenthèses illettrées.*

L'APPRENTISSAGE DE LA POÉSIE

Ni l'objet propre de la poésie, ni les méthodes pour le joindre n'étant élucidés, ceux qui les connaissent s'en taisant, ceux qui les ignorent en dissertant, toute netteté sur ces questions demeure individuelle, la plus grande contrariété dans les opinions est permise, et il y a, pour chacune d'elles, d'illustres exemples et des expériences difficiles à contester.

PAUL VALÉRY,
Variété I, p. 92.

Une des choses les plus désespérantes pour le lecteur, – et c'est lui qui a raison – c'est le capharnaüm des opinions sur les poètes et sur la poésie. Jusqu'ici de quelque façon qu'on s'y prenne, à condition que ce soit loyalement, on finit toujours par sombrer dans la désolation.

Baudelaire et Rimbaud, Claudel et Valéry, Breton, Malherbe et Mallarmé ne peuvent avoir raison toujours et tous ensemble. Ou s'ils ont raison tous ensemble, comme nous ne savons comment, ni pourquoi, ni dans quelle mesure et selon quel accord, de toute façon, nous sommes toujours à chérir ce qu'un autre – et qui nous vaut bien – met au-dessous de tout. Des gens ne trouvent périmés ni *La Charogne*, ni *A une madone*, ni les *Femmes damnées*; et pour d'autres, Baudelaire est tout entier dans *L'Invitation au voyage*, les *Correspondances* et la *Malabaraise*. De même, est-ce *Le Bateau ivre*, ou les *Voyelles*, ou la *Saison* qui est le sommet de Rimbaud? Et ce ne peut être tout cela. On peut comprendre également ces trois œuvres, on ne peut les faire égales. Ou bien les *Voyelles* sont un code symboliste, elles contiennent la moitié d'une poétique formelle; ou bien elles sont un souvenir d'abécédaire colorié traduit par des correspondances personnelles irremployables, et dont Proust et Claudel sont dupes quand ils parlent de la finale orangée du mot *Guermantes*; ou du *a* « cette lettre cramoisie ». Et puisque nous en sommes aux fameuses correspondances, ou bien les deux quatrains de Baudelaire aussi sont le même maître dogme, celui d'un symbolisme assez banal, et convenu; ou bien le sonnet ne contient que deux grands vers annonciateurs : *Il est des parfums frais comme des chairs d'enfant – Doux comme les hautbois, verts comme les prairies,* exprimant d'une façon moins elliptique le secret des *Voyelles*. Mais vous ne pouvez adopter l'une et l'autre position : la symbolique ésotérico-allégorique des quatrains, pour belle qu'en soit l'expression, n'a rien de commun avec la loi psychologique et poétique contenue dans le premier tercet. Ainsi de mille exemples. Ou bien la poésie est quelque chose, et elle n'est que cela – je veux dire : elle n'est que ce qu'elle est, et non n'importe quoi; ou bien c'est un mot vide où nous versons tout ce que nous voulons. Après avoir cité Valéry, et donné des verges pour me faire battre, je maintiens qu'il est des esprits sans étroitesse et sans raideur pour n'aimer pas cette incertitude sur l'authenticité ni la qualité de leur plaisir. Oui donc : ou bien la poésie existe, et il faudra bien qu'on finisse par se mettre d'accord à son endroit, comme sur la rotation de la terre et la circulation du sang. Ou bien elle n'est qu'une erreur de notre esprit, une formulation encore incomplète de quelque chose à découvrir, comme le salmigondis des théogonies précoperniciennes. Et nous avons le devoir d'élucider ce problème.

*

Il faut donc pénétrer dans cette arène à mon tour; accepter d'être parmi ceux qui, l'ignorant, dissertent de la poésie; ajouter à ce tas de pierres une pierre, alors qu'on voudrait bâtir. Il faut donc apporter à la confusion des opinions une opinion de plus.

C'est là pourtant qu'on voudrait n'admettre rien pour vrai qu'on ne le connût évidemment pour tel; qu'on voudrait n'avancer que le plus lentement possible, et, comme les géomètres, par théorèmes et corollaires irréfutables; savoir se passer d'une idée, plutôt que l'accepter fausse ou seulement douteuse. Bref, c'est là qu'on voudrait n'assembler que trois ou quatre idées, mais possibles, mais exactes, avec une patience de joueur d'échecs.

*

A la suite d'Eluard et de Breton, René Char entreprend cette exploration de l'inconscient, la grande aventure poétique après 1920; il participe à l'expression de cet inconscient par le rêve, l'exaltation du rêve, la transcription du rêve et la transposition du rêve. Il participe à l'agression préméditée que le surréalisme longtemps conduit contre les formes irrecevables de la réalité plate et bourgeoise. A la soumission quasi totale au réel inadmissible, il oppose le merveilleux. Comme tous les surréalistes, il tente de substituer (ou d'ajouter) à la sèche et désespérante connaissance rationnelle de l'univers, une connaissance poétique qui puisse échapper à l'autre. Il n'est pas question d'ignorer tout ce que doit Char à cette expérience collective, dont les résultats commencent à peine; d'ignorer la grande libération qu'elle apportait.

On acceptera que laissant de côté ces questions faciles relativement – et délicates – de parentés, de filiations, je m'attarde au contraire à l'effort par où Char échappe au surréalisme figé pour demeurer poète vivant.

*

Dans tout mouvement poétique, on distingue une théorie plus ou moins explicite, plus ou moins cohérente, et des œuvres. Le rapport des unes à l'autre n'est jamais aussi rigoureux que l'imaginent un temps leurs auteurs : on peut démanteler l'*Art poétique* sans toucher à *Phèdre*, ou bafouer la *Préface de Cromwell* en admirant *Plein ciel*. C'est toujours la doctrine surréaliste que j'examine ici, quand je dis : le surréalisme; et non les œuvres et les chefs-d'œuvre qui s'en déduisent ou s'en dégagent.

Comme tout mouvement poétique, le surréalisme une fois formulé devenait une école d'accès facile et une leçon d'application difficile.

Confondre l'importance fraîchement découverte de l'inconscient avec une hégémonie ou seulement une primauté de l'inconscient dans la vie mentale, suffisait à fourvoyer déjà bien des zèles. Parce que des siècles durant la versification, la poésie, la vie même avaient été des opérations liées trop et mal à l'activité raisonnante, fallait-il crier maintenant : rien n'est poésie qu'inconscience, l'inconscient seul est poète? C'était aboutir promptement à n'avoir changé que d'artifice. Après un quart de siècle, il est aisé de voir que l'enregistrement mécanique des « phrases qui cognent à la vitre » est devenu le bâton de vieillesse de toutes les bonnes intentions poétiques. Si l'inconscient seul est poète, le sténogramme d'un vrai délire épileptique à Sainte-Anne, ou le procès-verbal de n'importe quel rêve, ou le journal clinique d'une belle schizophrénie ont plus de valeur que *Les Champs magnétiques*, qui ne sont, après tout, que l'accélération consciente d'un trouble mental léger, l'exploitation verbale volontaire d'un délire expérimental, entretenu, provoqué; comme ces débuts d'ivresse où l'on force légèrement – presque un pastiche. Il ne s'agit pas de nier l'intérêt capital des délires divers. Mais le risque couru et rencontré, c'était d'établir une confusion entre le document scientifique et l'œuvre d'art, l'édifice et le matériau.

Une autre cause d'erreur était dans l'attitude surréaliste vis-à-vis de la connaissance rationnelle. Proclamer, comme la *Préface* du numéro 1 de la *Révolution surréaliste*, que « le procès de la connaissance (rationnelle) n'étant plus à faire, l'intelligence n'entrant plus en ligne de compte, le rêve seul laisse à l'homme tous ses droits à la liberté[1] », c'était aller un peu vite. Il était certes légitime que « certains esprits insatisfaits de la vie et du réel [se soient enchantés] d'un procès intenté au réel par le merveilleux[2] » : on était alors en pleine euphorie bergsonienne et freudiste, Heidegger et Kierkegaard montaient à l'horizon; les esprits pressés, déçus par les erreurs de calcul et les présomptions du scientiste XIXe siècle, croyaient que l'irrationnel allait les guérir de toutes les maladies de croissance du rationalisme. Le surréalisme péremptoire des années d'apprentissage prétendait « échapper à la censure du réel et de la raison non pour fuir la pensée et la réalité, mais pour les saisir sur le vif[2] ». En fait c'était introduire dans un débat capital une confusion de plus : la connaissance poétique dans laquelle

1. Préface au n° 1 de la *Révolution surréaliste.*
2. Hugnet, *Introduction à la Petite anthologie poétique du surréalisme*, p. 12, 14, 25.

entraient si loin les surréalistes n'avait absolument rien de commun avec la connaissance scientifique; et la réalité qu'ils tentaient de saisir n'était pas la même que celle dont s'occupaient les savants. Parler, à propos du surréalisme, de « système viable de la connaissance[1] » tout court, le proposer comme une solution à la crise de la connaissance au début du XXe siècle, était une prétention plus ridicule que les plus ridicules prétentions des scientistes les plus extravagants de la fin du XIXe siècle; croire que le surréalisme pouvait apporter – ou dispenser d'apporter – une réponse aux problèmes posés par les quanta sur la notion de causalité était plus fou que de vouloir résoudre une équation de chimie organique par le Mystère de l'Incarnation.

Cette hostilité contre le rationnel, avec toutes les équivoques qu'elle entraînait, et que nous allons souvent rencontrer, s'est exprimée surtout dans le culte du merveilleux. « Le merveilleux est toujours beau, déclarait Breton, n'importe quel merveilleux est beau, il n'y a même que le merveilleux qui soit beau[1]. » A supposer l'accord fait sur le mot lui-même, proclamer beau n'importe quel merveilleux, c'était rouvrir la porte à toutes les confusions, offrir une pente à la fuite comme une marche en avant. Ainsi, pour Hugnet le merveilleux se fait jour « dans le réel, [mais aussi] dans le surnaturel, dans l'insolite, dans l'amour, [mais aussi] dans l'hallucination, le sommeil, la sexua-

1. Hugnet, *Introduction à la Petite anthologie poétique du surréalisme*, p. 12, 14.

lité, la folie, la chimère[1] ». Confondre le merveilleux authentique avec tous ses sosies, pour instructifs qu'ils puissent être, mettre le signe *égale* entre le poème et la paralysie générale, c'était perdre souvent le bénéfice d'avoir découvert peut-être la formule la plus approchée de la connaissance poétique.

Une autre erreur grave de la théorie surréaliste enfin, et des plus propres à figer un mouvement créateur en école à ficelles stylistiques, ce fut la théorie de la métaphore surréaliste. « L'image, dit Hugnet, n'est plus cette métaphore sommaire, cette artificielle association d'idées. Anti-esthétique par essence et ne jouant que sur l'imagination... elle est la suprême identification de deux réalités en présence et du conflit de leurs dangereuses correspondances. Ainsi, dépassant le rapport qui saute aux yeux, l'image tyrannique et déroutante doit faire éclater ce qui apparemment semble le moins sûr et le plus paradoxal. Je la vois résolument arbitraire, celle qui restitue aux objets, par leur dépaysement, leur réalité et leur résonance véritables, celle qui apporte des éclaircissements se mesurant au degré d'étrangeté et d'irrationalité de ses rapprochements[1]. » Codifiant trop exclusivement, trop superficiellement, des effets de Rimbaud, de Lautréamont, cette théorie créait une mécanique anti-poétique, ouvrait toutes grandes aux faiseurs de septième ordre les portes d'un monde où n'eussent dû pénétrer que les plus

1. Hugnet, *Introduction à la Petite anthologie poétique du surréalisme*, p. 23, p. 25.

scrupuleux, les plus loyaux, les plus désintéressés explorateurs. Tout le monde pouvait parler comme Lautréamont, comme Rimbaud, des « pavillons en viande saignante », et des beautés de « la rencontre fortuite sur une table de dissection, d'une machine à coudre et d'un parapluie ». A la terrible formule : c'est beau parce que c'est beau – qui sans livrer de procédés fixe un but – on substituait celles-ci : c'est beau parce que c'est paradoxal, c'est beau parce que c'est arbitraire, c'est beau parce que c'est irrationnel. Et rien n'est facile comme la fabrication sincère du paradoxal, de l'étrange, et de l'irrationnel.

En vain Breton dira : « Je nie que les images puissent offrir le moindre degré de préméditation. » L'absence de préméditation, c'est-à-dire la sincérité d'une opération de l'esprit, garantit l'origine – ou l'ignorance de l'origine – et non la valeur et la validité de cette opération. Rien de moins prémédité que la plate réminiscence, l'association d'idées banales, le calembour éculé. Il suffit à beaucoup d'avoir lu Rimbaud, Lautréamont pour mettre au jour sans la moindre utilité des images parfaitement dénuées de toute préméditation; comme auparavant la simple lecture de Hugo, de Leconte de Lisle, de Mallarmé engendrait des lignées de poètes. Il existe une certaine façon d'introduire un noyé dans un poème aujourd'hui qui ne trompe pas.

L'image en tant que document sur le fonctionnement de l'esprit qui la produit révèle aussi la qualité de cet esprit. Si toutes les images étaient cette merveille dont Breton s'émerveille, il n'y aurait pas de poètes, il n'y aurait que des poètes. L'expérience prouve – et même l'expérience surréaliste, – l'inégalité du pouvoir poétique parmi les hommes : il y a de belles images.

En fait, et bien qu'il soit à la fois ridicule et dangereux de vouloir apprendre aux autres ce qu'ils ont voulu faire, on a l'impression que les poètes surréalistes ont manié leur image sans en connaître peut-être le vrai secret. D'abord, ils lui ont accordé trop de place dans leur poétique, se sont laissé hypnotiser par elle. Si l'on examine l'œuvre d'Eluard, ou celle de Char, on peut faire deux remarques. La première, que d'incontestables merveilles n'ont absolument rien à voir avec l'image surréaliste, qui apparaît bien n'être qu'un moyen d'expression entre mille. Eluard offre nombre d'énoncés purs, raciniens, classiques, irréductibles à quoi que ce soit de « surréaliste » (« Et je ne sais plus tant je t'aime – Lequel de nous deux est absent »); ou Char (« Ils douaient d'omniprésence un temps qu'on n'interrogeait pas »). La seconde, que c'est parmi les images surréalistes que le déchet le plus visible aujourd'hui déjà peut être constaté. Ce que nous goûtons de Char ce n'est pas « les cris guérisseurs en collier de persienne », ce que nous goûtons d'Eluard, ce n'est pas « l'ombrelle à manche de pioche ». La lecture de la *Petite anthologie poétique du surréalisme* est accablante à cet égard.

Attirant l'attention sur son arbitraire, son étrangeté, son irrationalisme, il semble qu'Eluard, Hugnet, Breton n'aient formulé qu'un caractère superficiel, hasardeux, contingent de l'image surréaliste, avec lequel ils ont fourvoyé tous ceux qui ne savaient pas. L'efficace de l'image surréaliste ne réside pas dans son arbitraire; son étrangeté, en mille exemples, nous laisse indifférents. Son allure parfois déconcertante vient du raccourci psychologique et syntaxique. Ecrire : « Ma femme aux yeux d'eau pour boire en prison » au lieu de : « Ma femme dont les yeux sont si beaux que le souvenir de leur *eau* suffirait à me faire supporter la solitude, et la prison », n'est pas indifférent : l'absence d'opération logique entre les mots, de même que la succession sans intermédiaire de leur pouvoir de suggestion, empêchent l'émotion à transférer d'avoir le temps de s'évaporer. L'image surréaliste n'est pas un produit extraordinaire : c'est la vitesse maximum qu'on ait atteinte, et semble-t-il qu'on puisse atteindre, dans la transmission des images par la langue.

C'est justement, cette vitesse de transmission, l'affaire capitale. Et non la poursuite de l'arbitraire, de l'étrange, du paradoxal, qui peuvent accompagner, rencontrer quelquefois, ce raccourci. L'image surréaliste n'est pas l'art de rapprocher systématiquement les objets les moins rapprochables pour en faire jaillir des lumières inaperçues : ceci est à la rigueur une recherche limitée, curieuse; le secret de l'humour, du baroque, du loufoque, genres mineurs dans la poésie tout entière. Elle est bien l'établissement d'une correspondance, mais sur la nature de laquelle il faut maintenant s'entendre sans équivoque. C'est une formule de l'*association des sensations,* de *l'association des émotions*. Comme les idées les plus disparates, les émotions ont le pouvoir de se ressusciter par contact, indépendamment de leur nature même : il y a des parfums verts comme des prairies. Le distique de Baudelaire pressent déjà Proust. Le goût de la madeleine dans la tasse de thé ressuscite la présence du visage de ma grand-mère; le mouvement que je fais en me baissant pour me déchausser « me sauvait, dit Proust, de la *sécheresse de l'âme* », il me rapportait « un souvenir *involontaire* et *complet* de la *réalité vivante* » de ma grand-mère. Ce sont des phénomènes de cet ordre, des correspondances de cette nature que l'image surréaliste cherche et parvient à produire entre les hommes.

*

Certes les grands surréalistes eux-mêmes, et successivement, corrigèrent leurs premières et trop radicales énonciations. Ce fut en un certain sens l'œuvre continue de Breton; et il suffit à côté de rappeler le soin qu'Eluard mit à distinguer le poème du récit de rêve.

Char a commencé lui aussi très tôt, plus peut-être que nul autre, cette correction expérimentale du surréalisme; et l'a faite à mon sens plus totale. Doué d'un élan poétique antérieur à toute formule, il confronte les lois qu'on lui propose avec ce qu'il sent qu'il faut faire. En d'autres termes, il ne va pas de la formule poétique au fait poétique (ceci est poétique parce que conforme à la définition de l'image surréaliste); mais de la donnée poétique dont il possède en soi le sens irrécusable, à la formule (telle expression est bonne parce qu'elle exprime ce que je sens qu'il faut traduire).

Alors que le danger des formules surréalistes était d'endormir la vigilance poétique de leurs esclaves, de les faire sombrer dans la sécurité d'une technique, René Char se distingue par son extrême attention à la poésie elle-même, qu'aucune question secondaire de métier ne lui fait jamais perdre de vue. Sa méditation reste essentiellement une méditation sur la présence de la poésie; et non sur les moyens de la poésie. Toutes les discussions sur les mille et une manières de creuser des fontaines ne le détournent jamais de penser à l'eau sans laquelle les fontaines ne sont que des édifices inutiles. Il conserve vis-à-vis des formules qui viennent d'être inventées la même vigilance obscure qu'un savant devant son hypothèse la plus aimée. Au lieu de s'asseoir dans la conviction qu'il est arrivé, il expérimente passionnément mais patiemment.

Les titres et la substance de ses premières œuvres, de 1927 à 1934, expriment avec obstination cette modestie orgueilleuse d'un poète qui veut tout ou rien. *Arsenal* (1929), c'est d'abord un titre qui réserve l'avenir. Le poète se fait confiance, mais il n'a pas la présomption que son premier vers contienne son dernier mot. Ce premier petit volume réunit un stock d'armes, rêve, imagination incontrôlée, prolifération verbale, susceptibles d'utilisation. Il cherche, il essaie ces « outils cruels » dont « les hommes ont faim ». *Artine* (1930) est un art poétique presque aussitôt limité qu'établi. Puis vient *L'action de la justice est éteinte* (1931) : sur douze poèmes, huit sont des poèmes sur la poésie, ses conditions et ses ambitions, ses espoirs et ses désespoirs (Poème, Sommeil fatal, L'oracle du grand oranger, La main de Lacenaire, Poètes, L'esprit poétique, Les messagers de la poésie frénétique et l'Instituteur révoqué). *Abondance viendra* (1933) réitère cette réserve et cette promesse : à force de fidélité patiente à la poésie elle-même, peut-être abondance viendra. Lorsqu'en 1934, René Char unit en un seul volume ses premières plaquettes, c'est d'un titre scrupuleux qu'il couvre encore son entreprise : *Le Marteau sans maître*. Le marteau qui peut-être échappe à la main de l'apprenti sorcier, la poésie quelquefois sans pilote. A cet accent, *Moulin premier* (1936) fait un dernier écho : premier, parce qu'un jour je moudrai mieux. Pendant toute cette période, l'image de la chrysalide est familière au poète, elle l'exprime (« L'intacte chrysalide a retrouvé ses propriétés agissantes de vertige ») (*m*). La prière d'insérer pour la réédition du *Marteau sans maître* (1944) écrit sans hésiter, soulignant toute cette période d'initiation du poète à lui-même : « La clef du *Marteau sans maître* tourne dans la réalité des années 1937-1944. »

Nulle stérilité dans cette attitude, nulle timidité. Si René Char s'interroge si constamment sur la poésie, c'est qu'il y croit, c'est qu'il y tient : trop soucieux de s'en nourrir d'abord, trop soucieux d'y croire lui le premier, pour abreuver le lecteur d'un vin dont il ne boirait plus.

*

Ainsi, et dès le début, René Char a cette attitude : ce n'est pas le surréalisme qui servira de pierre de touche à la poésie, mais au contraire la poésie qui va servir de pierre de touche au surréalisme.

Dès 1930, *Artine* est un art poétique qui, sous la forme d'un poème admirable aujourd'hui encore et pour longtemps, débat des rapports entre le rêve et la réalité.

D'un point de vue tout formel, *Artine*, ce sont douze images insolites qui défilent sous les paupières passives d'un dormeur, exprimant un rêve dans la langue même du rêve. Des phrases tout unies traduisent à la perfection cette absence d'étonnement qui est l'attitude normale du rêveur pour son rêve. L'univers de ce songe est créé par une sobriété de touche extraordinaire, si l'on pense que le procédé trop classique à peindre les rêves est la surenchère dans le bizarre. Trois notes suffisent, cet « édredon en flammes précipité dans l'insondable gouffre des ténèbres en perpétuel mouvement », couleur des paupières fermées, toile même du songe; puis cet « écran de ruines flottantes » et ces « plis d'une soie brûlante peuplée d'arbres aux feuilles de cendre ». Que l'on compare aux rêves-chaos de Victor Hugo, dans le poème liminaire de *la Légende des siècles*; ou à quelques-uns des « montages oniriques » cités dans l'anthologie de Hugnet. Puis à côté, Racine et sa maîtrise : avoir su faire tenir dans le premier vers du Songe toute la soie rouge (horreur) et noire (nuit) qui sert à Jézabel de fond de scène : Char explique et justifie définitivement le vers d'*Athalie*.

Dans sa substance, Artine offre d'abord la plus parfaite orthodoxie surréaliste. Artine, « la femme qu'on ne voit pas », « celle qui laisse rêveur », « la femme-modèle pour poème, belle à interdire au poète de s'éveiller », c'est la surréalité. Cet art poétique est donc exaltation d'abord des pouvoirs du sommeil et du rêve. Son univers est un lit. La condition préalable à la poésie dictée par le rêve est la destruction du monde extérieur par la chute dans le sommeil déformateur de la logique éveillée. (« L'état de léthargie qui précédait Artine apportait les éléments indispensables à la projection d'impressions saisissantes sur l'écran de ruines flottantes : édredon en flammes précipité dans l'insondable gouffre de ténèbres en perpétuel mouvement. ») C'est dans les profondeurs insondées encore de l'esprit qu'il faut aller chercher les vérités essentielles. (« Le livre ouvert sur les genoux d'Artine était seulement lisible les jours sombres. A intervalles irréguliers, les héros venaient apprendre les malheurs qui allaient fondre sur eux, les voies multiples et terrifiantes dans lesquelles leur irréprochable destinée allait à nouveau s'engager. »)

Cette conception de la poésie amène, on le sait, un corollaire essentiel : il n'y a pas une goutte de transpiration dans l'inspiration surréaliste. Artine est celle qu'on ne trouve jamais quand on la cherche mais quand on la fuit dans le sommeil.

(« Offrir au passage un verre d'eau à un cavalier lancé à bride abattue sur un hippodrome envahi par la foule suppose, de part et d'autre, un manque absolu d'adresse : Artine apportait aux esprits qu'elle visitait cette sécheresse monumentale. ») Artine « visite » les esprits, elle « surgit », l'état poétique est involontaire : aucune attention ne doit altérer l'automatisme transcripteur du visité. (« A beau surgir au milieu de la plus active dépression l'appareil de la beauté d'Artine, les esprits curieux demeurent des esprits furieux, les esprits indifférents des esprits extrêmement curieux. »)

Déjà pourtant, l'esprit de Char obscurément peut-être œuvre à se libérer de l'équivoque surréaliste. (On proclame que le surréalisme « a entrepris une action de redécouverte et de recréation du monde des réalités[1] »; mais d'un autre côté, jouant sur cette réalité qu'on ne définit jamais assez, on la confond avec des moyens neufs, et délicats à manier, d'investigation de cette réalité. On prétend – Breton – que ce merveilleux qui est la seule réalité digne de ce nom réside aussi bien « dans l'hallucination, le sommeil, la folie, la chimère »; ou bien – Eluard – que l'« homme enfin accordé à la réalité qui est sienne, n'aura plus qu'à fermer les yeux pour que s'ouvrent les portes du merveilleux[2] ». « Donner à voir », dit encore Eluard, et les « yeux fertiles » et « je devins

1. Hugnet, *Petite anthologie*, p. 12.
2. P. Eluard, *Donner à voir*, p. 75, 80, 148.

esclave de la faculté pure de voir[1] »; mais qu'est-ce que *voir* pour le poète qui a écrit : « Imaginer est souvent un terme commode pour différencier l'homme du monde qui l'entoure, pour lui créer un univers abstrait, égoïste, pour l'isoler... Si par exemple cette femme dont il *rêve* n'existe pas pour les autres, inutile d'aimer[2] », – mais qui a écrit aussi « on ne voit ce qu'on veut que les yeux fermés[2] »? On peut affirmer que le surréalisme n'a pas su se dégager de cette contradiction; n'a pas su choisir si le monde réel était en deçà ou au-delà des paupières, ou déterminer quels *rapports*, et c'était tout le problème, existaient entre ces deux mondes; bref, n'a pas su nettement choisir et dire si la poésie surréaliste était une santé ou une maladie de la sensibilité.)

Char opte pour la santé, pour les yeux grands ouverts, l'acceptation du réel; et quand ce réel est inacceptable, il opte pour la transformation réelle de ce réel, et non pour des tours de passe-passe propres à n'altérer que la *perception* du réel (l'autruche qui ferme les yeux pour anéantir le chasseur est surréaliste). La poésie crée derrière nos paupières ou les os de notre front un autre univers, mais celui-ci est la représentation réelle de l'univers réel (« Artine gardait, en dépit des animaux et des cyclones, une intarissable fraîcheur. A la promenade, c'était la transparence absolue »). La poésie ne doit pas être une déformation du monde, aussi belle, aussi consolante

1. P. Eluard, *Choix de poèmes*, p. 79.
2. P. Eluard, *Donner à voir*, p. 75, 80, 148.

soit-elle, mais l'information la plus immédiate, la plus fraîche et la plus exacte qui soit. René Char se désintéresse d'un monde qui n'existe pas, il ne cultive pas l'imaginaire pour l'imaginaire, il ne pratique pas le sommeil ou l'amour, comme d'autres le haschich ou l'opium. Le sommeil et le rêve vont n'apparaître chez lui que comme des écoles où l'on peut en apprendre long sur l'expression de la présence réelle; des méthodes de rééducation pour nos sens fatigués par le dressage logique. (Le pouvoir d'éducation émotionnelle du rêve mesuré par la différence entre la possession de la plus parfaite photo, et la présence ineffable d'un être dans un rêve. Je ne regarde presque jamais un album. Je voudrais rêver chaque nuit mes morts, mes absents les plus chers. Pourtant je sais qu'ils sont morts. Je suis surréaliste, et non opiomane.)

Quand René Char écrit : « Artine traversait sans difficulté le nom d'une ville », il crée par une expression d'une magie presque inanalysable tant l'action en est immédiate[1], il crée, dis-je, une quatrième dimension qui permet non pas d'échapper au monde à trois dimensions, mais d'y rentrer; il crée la dimension qui relie concrètement l'esprit à l'univers. La fin d'*Artine* évoque, non par hasard, les conditions qui permettent « au drame

1. Essayons quand même. Le *nom* d'une ville est une froide notion scientifique : mais la poésie peut en faire une substance concrète, aussi concrète que l'étendue; un espace peuplé de sensations et d'émotions, qu'on peut traverser sans craindre la *sécheresse de l'âme*. La magie de cette phrase, exemple entre mille, n'a rien à voir avec la définition d'Hugnet.

(de la poésie) de se dérouler à ciel ouvert ». C'est parce que René Char a choisi le réel que – dernier mot du poème – « le poète a tué son modèle », c'est-à-dire a répudié tout ce par quoi le rêve et l'inconscient et l'irréel pouvaient devenir un monde qui prétendît se suffire et dispenser du vrai.

Dans *L'action de la justice est éteinte* (1931), le texte intitulé *Sommeil fatal* reprend explicitement la conclusion d'*Artine*. Pourquoi fatal? Parce que trompe-faim poétique. Il ne faut pas prendre le sommeil pour l'inspiration, ni le rêve pour le poème. Tout rêve n'est a priori qu'un fait, qui peut donner le change. *Tandis que ma mémoire réalise sans difficulté ce qu'elle croit être l'acquis de ses rêves les plus désespérés... l'eau introuvable* [la poésie] *continue à couler à portée des miroirs* [de cette mémoire même]. En prenant le rêve pour la poésie toute faite, le poète lâche la proie pour l'ombre; le sommeil est fatal. Cette expérience et cette déception s'expriment de nouveau dans l'*Esprit poétique* : Cette jeune fille qui [...] tombe *dans le sommeil léthargique,* la surréalité, reste une *ambassade déportée,* c'est *à quelques mètres de son lit que coule tout un fleuve et ses périls*; fleuve qui est la vie et sa poésie.

René Char n'a donc jamais accepté totalement la rupture que le surréalisme menait à pratiquer entre la poésie d'une part, la réalité et sa raison d'autre part. Certes les surréalistes formulaient au départ une volonté d'objectivité rigoureusement scientifique : « Si le surréalisme, écrit Hugnet, s'est attaché à la révision de certaines valeurs de l'esprit, il n'a jamais fait table rase du passé : il a toujours été un moyen d'investigation systématique de la pensée[1]. » Mais en fait la plupart ressemblent vite à des Christophe Colomb qui, découverte l'Amérique, auraient nié l'Europe. René Char, non. L'intuition, langue de l'inconscient, ne devient pas pour lui la voix unique. Fidèle à sa passion héraclitéenne pour l'affrontement conscient des contraires, il se refuse à résoudre l'antinomie raison-déraison par la négation du premier terme. Aussi sûr de raisonner que de déraisonner, il essaie de comprendre les deux états : « J'admets que l'intuition *raisonne*, écrit-il dans *Moulin premier*, et dicte des ordres dès l'instant que, porteuse de clefs, elle n'oublie pas de faire vibrer le trousseau des formes embryonnaires de la poésie en traversant les hautes cages où dorment les échos, les avant-prodiges élus qui, au passage, les trempent et les fécondent. » Part de l'intuition dans le poème, la première. Mais le poète écrit aussitôt : « Au désespoir de la raison, le poète ne sait jamais *rentrer*. Quand par inadvertance il le fait, il réintègre son inspiration, sa division. Oppresseur partout ailleurs est chez lui opprimé. » Part, maintenant trop oubliée, de la réflexion dans la naissance du poème. « A l'expiration de la réflexion, dit encore René Char, on se heurte à l'intuition, très séduisante souris de *casino*. Comme on abandonne volontiers la première pour suivre la seconde! Et ce manège essentiel est profitable aux deux, conjonctif de bonheur. »

1. Hugnet, *op. cit.*, p. 8.

Cette attitude oppose à l'automatisme transcripteur la vieille et saine conception de la création poétique comme étant un état double : ni l'inspiration toute nue, ni le travail tout seul. « Dans le poète, écrit René Char, doivent sans gratification, se mesurer l'énergumène et le physicien. Les multiples propriétés occultes du phosphore autonome meurtrier l'exigent » (*Moulin premier*). Et plus lapidaire encore : « Le poème émerge d'une imposition subjective et d'un choix objectif » (*Partage formel*).

C'est le point de vue intime de Valéry qui s'est laissé entraîner à trop affirmer que « le génie, Monsieur, c'est de travailler quinze heures par jour ». Il a beau dire et redire que « la véritable condition d'un poète est ce qu'il y a de plus distinct de l'état de rêve[1] », que « celui-là même qui veut écrire son rêve se doit d'être infiniment éveillé[1] », que « l'enthousiasme n'est pas un état d'écrivain[1] » : il sait qu'au commencement était le rêve, et l'enthousiasme, et l'inspiration : « Viendra l'heureuse surprise – Une colombe, la brise – L'ébranlement le plus doux – Une femme qui s'appuie - Feront tomber cette pluie – Où l'on se jette à genoux[2]. »

C'est le point de vue de Claudel, exempt de toute équivoque : « La poésie est l'œuvre d'une certaine *faculté poétique* qui a des rapports plus directs avec l'imagination et la sensibilité qu'avec la raison raisonnante. Cela ne veut pas dire que la

1. P. Valéry, *Variété*, p. 56, 170.
2. P. Valéry, Palme, in *Morceaux choisis*, p. 45.

raison, le goût, et surtout l'esprit de mesure n'aient pas un rôle important dans la création, mais ils interviennent en seconde ligne[1] ». Et encore : « L'intelligence n'est pas plus la vertu fondamentale pour un poète que la prudence pour un militaire, ou la probité pour un entrepreneur de travaux publics. Elle est nécessaire en seconde ligne. Elle critique ce que tu fais[2]. » Et comme on ne cite jamais trop les bons textes, comme on a toujours tort de paraphraser ce qui a été une fois bien dit, citons encore : « Grâce à l'intelligence, le poète, qui ne reçoit le plus souvent de l'inspiration qu'une vision incomplète, qu'un appel ou un mot énigmatique et informe, devient capable, par une recherche diligente et audacieuse, par une sévère interrogation de ses matériaux, par l'abnégation de toute idée préconçue devant le but, de constituer un spectacle fermé, un certain monde intérieur à lui-même dont toutes les parties sont gouvernées par des rapports organiques et par des propositions indissolubles. Par la critique ou goût intime, le poète sait immédiatement les choses qui conviennent ou non à la fin qu'il poursuit[2]. »

Char pourrait trouver ici trop de sévérité pour l'apport de l'inspiration, trop de foi dans le pouvoir organisateur de l'intelligence; mais ce ne serait qu'une question de plus ou de moins dans les proportions des deux éléments contradictoires de la création poétique. On n'en finirait pas sur ce bel exemple d'équilibration des contraires. La

1. Hugnet, *op. cit.*, p. 8.
2. P. Claudel, *Positions et propositions*, p. 11, 94, 163.

poésie oscille depuis toujours entre deux termes ennemis comme le jour et la nuit : l'inspiration et le métier, le génie et le travail, l'émotion et la réflexion. La primauté de l'inspiration poussée jusqu'à l'absurde – et ce fut une précieuse expérience – aboutit à l'écriture automatique : et tous ceux qui ont sacrifié le « choix objectif » ont péché : romantiques! Mais la primauté du métier aboutit à la versification; et tous ceux qui ont oublié « l'imposition subjective » initiale ont sombré dans les à-côtés de la poésie neuf fois sur dix au moins : parnassiens! classiques! Le poème, solution héraclitéenne, apparaît donc comme une expression de l'inexprimable, la construction rationnelle d'un langage irrationnel, comme une conscience de l'inconscient.

Ce réalisme du poète vis-à-vis des opérations réelles de son propre esprit, en dépit de tout système conduit aussi René Char à répudier l'irréalisme auquel tendait le surréalisme. « Le poète, dit-il, doit tenir la balance égale entre le monde physique de la veille et l'aisance redoutable du sommeil, les lignes de la connaissance dans laquelle il couche le corps subtil du poème allant indistinctement de l'un à l'autre de ces états différents de la vie. » Et encore : « L'action contre le réel par tradition signifie simulacre et miniature » (*Partage formel*). L'antinomie réalité-imagination ne peut pas être résolue, elle non plus, par l'oubli du premier terme, par l'aisance redoutable d'une fuite n'importe où, mais hors du monde.

La position de René Char trouve sa définition la plus éclatante dans une œuvre écrite en 1942, mais on voit que *Partage formel* est seulement le terme d'une expérience dont la première trace remonte à 1930. Char ne se fait d'ailleurs pas plus cohérent qu'il n'a été : il a trop le sens du devenir pour, papillon, renier sa chrysalide : « Fureur et mystère tour à tour le séduisirent et le consumèrent », écrit-il de lui-même, allusion au temps où l'abandon quasi total à l'inconscient l'envoûtait de toute sa nécessaire nouveauté. Et il dit aussi : « A l'âge d'homme, j'ai vu s'élever et grandir sur le mur mitoyen de la vie et de la mort une échelle de plus en plus nue, investie d'un pouvoir d'évulsion unique : le rêve. Ses barreaux, à partir d'un certain progrès ne soutenaient plus les lisses épargnants du sommeil. Après la brouillonne vacance de la profondeur injectée dont les figures chaotiques servirent de champ à l'inquisition d'hommes bien doués mais incapables de toiser l'universalité du drame, voici que l'obscurité s'écarte et que VIVRE devient, sous la forme d'un âpre ascétisme allégorique, la conquête des pouvoirs extraordinaires dont nous nous sentons profusément traversés, mais que nous n'exprimons qu'incomplètement faute de loyauté, de discernement cruel et de persévérance.

Compagnons pathétiques qui murmurez à peine, allez la lampe éteinte et rendez les bijoux. Un mystère nouveau chante dans vos os. Développez votre étrangeté légitime » (*Partage formel*).

Il y a dans ces lignes un bilan loyal et fraternel

du premier surréalisme. Juste au moment[1] où une jeune génération de poètes s'embarque dans une exploitation confortable des facilités du surréalisme, la voix d'un aîné retentit et prévient. Il faut renoncer à être ce « lisse épargnant du sommeil », à exploiter bourgeoisement, littérairement, l'or ou le plomb des rêves. Déjà dans *Moulin premier*, cette intuition des trésors surréalistes ressemblait à un cambriolage : cette image revient ici quand l'inconscient et le rêve peu à peu transformés en fournisseurs d'effets font dire à René Char : « Compagnons pathétiques qui murmurez à peine, allez la lampe éteinte, et *rendez les bijoux*. »

1. 1946.

LA POÉSIE

Victime de la philosophie, l'univers le hante (le poète).

P. ELUARD,
Donner à voir, p. 73.

Les rapports de Char avec le surréalisme une fois fixés – indépendance et fidélité tout ensemble – on peut essayer de définir ce qu'est pour lui la poésie.

Avant toute expression la poésie est d'abord « la connaissance productive du réel » (*Moulin premier*). Le problème de la connaissance, on l'a vu, a été mis par Breton au centre même du surréalisme, et le surréalisme est donc étroitement lié par ses origines à la crise philosophique d'aujourd'hui. Conformément à son intention didactique, Hugnet multiplie dans l'introduction à la *Petite anthologie* les formules qui définissent le surréalisme comme « une recherche continue de la pensée et de ses sources », comme « un système viable de la connaissance », comme « une méthode de connaissance attachée à la revision de certaines valeurs de l'esprit », comme « un moyen d'investigation systématique de la pensée ». Dans *Donner à voir*, le surréalisme apparaît aux yeux d'Eluard comme « un instrument de connaissance qui travaille à mettre au jour la conscience profonde de l'homme ». C'est aussi Breton qui souligne explicitement : « Au procès immémorialement intenté par la connaissance rationnelle à la connaissance intuitive, il appartiendra au poète de produire la pièce capitale qui mettra fin au débat[1]. » Autant de formules qui définissent à la fois l'ambition admirable du surréalisme, et son équivoque.

(Même si cette équivoque n'existait pas dans l'esprit de Breton – mais je crois qu'elle y était – il fallait avertir inlassablement de ne pas la commettre.)

Le danger, revenons-y, c'était de confondre la connaissance poétique dont on atteignait alors la définition le plus finement approchée, avec la connaissance scientifique; c'était surtout de vouloir mesurer l'une à l'autre, et substituer l'une à l'autre : de ne pas voir, de ne pas dire qu'elles étaient moins antagonistes que complémentaires. Connaissance logique, rationnelle, scientifique, et connaissance poétique ne sont pas plus susceptibles de se concurrencer, ou de s'éliminer l'une l'autre, que l'odorat et la vue; qu'un ciel du Poussin ne peut tenir lieu du bulletin de l'Office national météorologique. Le surréalisme a cru qu'il était anti-rationaliste parce qu'il était a-rationaliste : cédant à la vieille impatience qui

1. Breton, *Les Vases communicants*.

veut tout réduire à l'unité trop vite à tout prix, il a cru que, puisque l'esprit peut prendre une allure irrationnelle, il doit abandonner à jamais la démarche rationnelle. Bref, une fois encore, il a cru qu'on résolvait une antinomie en annulant par décret l'un des termes. Breton lui-même, au terme d'une analyse excellente, ne sait pas l'éviter, lorsqu'il affirme qu'« on peut systématiquement, à l'abri de tout délire, travailler à ce que la distinction de l'objectif et du subjectif perde de sa valeur et de sa nécessité[1] ». Ecriture automatique, sommeil ou rêve, folies, délires de toutes sortes, faits en eux-mêmes extrêmement intéressants, offrent pourtant ce caractère commun non pas de résoudre valablement l'antinomie subjectif-objectif, mais de l'esquiver *par des altérations de la subjectivité.*

Qu'était-ce donc que la connaissance poétique? Breton l'avait pourtant brillamment dit : « Toute l'expérimentation en cours, écrit-il, serait de nature à démontrer que la perception et la représentation – qui semblent à l'adulte ordinaire s'opposer de manière si radicale – ne sont à tenir que pour des produits de dissociation d'une faculté unique, originelle, dont l'image éidétique rend compte, et dont on retrouve trace chez le primitif et chez l'enfant[2]. »

Toute perception originale comporterait à la fois des éléments émotionnels et des éléments intellectuels. Les premières fois qu'une perception

1. Breton, *Le Message automatique*, 1933.
2. Ib., *ibid.*

donnée a lieu, les premiers dominent généralement les seconds; généralement aussi, ils s'affaiblissent jusqu'à disparaître. « Pour le poète, dit Eluard, rien ne se décrit si bien que ce qui se connaît à peine. On ne découvre que ce qu'on ne connaît pas[1]. » Et Claudel : « L'inconnu est la matière de notre connaissance; il est le bien de notre esprit, et sa chère nourriture[2]. » Deux poètes définissent ici clairement leur besoin d'émotion. La chaîne est continue, de la perception initiale bouleversante et bouleversée, jusqu'à la représentation, la froide notion. J'aperçois aussi deux poètes parmi tant d'autres, pour avoir marqué, mais dans une langue d'une propriété admirable, ces rapports entre deux modes de connaissance distincts, qu'ils ne confondaient ni n'opposaient : « La poésie, écrit Wordsworth, est le *souffle* et l'*esprit subtil de tout* savoir; l'expression passionnée qui se lit sur le visage, de toute science »; et dans sa *Defense of Poetry*, Shelley : « Poetry is at once the centre and circumference of kwowledge... It is at the same time the root and the blossom of all other systems of thought » – « La poésie est à la fois le centre et la circonférence de la connaissance; elle est en même temps la racine et la fleur de tous les autres modes de penser. » La connaissance poétique est la *connaissance émotionnelle*, et le poème est conservation-transmissibilité de cette connaissance.

La propriété fondamentale de l'émotion, c'est –

1. Eluard, *Donner à voir*, p. 124.
2. Claudel, *Art poétique*, p. 26.

en terrain normal – de s'affaiblir dans la répétition. Le tourment de Don Juan est que le deuxième baiser n'a déjà plus la même émotion que le premier; et que le centième est, pour un être aussi passif en amour que Don Juan, plus qu'aux trois quarts une représentation. Aucun objet ne donne sans doute deux émotions successives de même nature et d'égale intensité. Or la connaissance émotionnelle provoque chez l'homme une sensation si profondément bienfaisante (parce que liée sans doute à la perception la plus bienfaisante du temps psychologique) que « cet état de grâce, tous ceux qui ont souci de définir la véritable condition humaine, confusément, aspirent à le retrouver », dit Breton[1].

Voilà ce que Char appelle la connaissance productive du Réel. Productive, parce qu'elle nourrit l'homme, qu'elle lui restitue un aliment essentiel de son équilibre psychologique, le goût émotionnel du monde, qu'il rêve de ne jamais cesser de percevoir. Gilbert Lély dira, dans son poème intitulé *René Char* : « La poésie sert a rendre assimilables les éléments nutritifs de la réalité. » Citons Claudel encore pour le bonheur sensuel avec lequel il parle de cette assimilation : « Par le moyen des mots [...] nous voulons d'un spectacle ou d'une émotion ou même d'une idée abstraite constituer une sorte d'équivalent ou d'espèce *soluble* dans l'esprit... Nous plaçons dans la bouche secrète de l'esprit du lecteur une énonciation de tel objet ou de tel sentiment qui est à la

1. Breton, *Le Message automatique*.

fois agréable à sa pensée et à ses organes physiques d'expression[1]; « grâce au *nombre*... le sens parvient à l'intelligence par l'oreille avec une plénitude délicieuse qui satisfait à la fois l'âme et le corps[1] ». Connaissance productive dans le domaine de la sensibilité, parce que l'intelligence ne produit rien ici. La notion de forêt ne nourrit pas son homme lorsqu'il éprouve la sensation de faim poétique et ce n'est pas les arbres alors qui l'empêchent de voir la forêt, c'est la mémoire, c'est l'habitude, c'est la géographie, c'est l'économie politique et la sylviculture : tout ce qu'il sait. « Il ne me suffit pas de lire que les sables des plages sont doux, écrit Gide : je veux que mes pieds nus le sentent. Toute connaissance que n'a pas précédée une sensation m'est inutile[2]. » Et Chardonne : « Je sais que la vie est belle : je voudrais le sentir[3]. »

Le poète est justement l'homme dont une phrase suffit à susciter ou à ressusciter en nous, non une notion, mais comme dit Claudel, « un tableau à la fois intelligible et délectable », une notion non séparée de son émotion.

Char n'oublie jamais cela : « Bien-être d'avoir entrevu scintiller la matière-émotion instantanément reine », écrit-il dans *Moulin premier*. Et aussi : « Le poète a plus besoin d'être échauffé que d'être instruit. » Il n'y a jamais de poète sans cette étincelle initiale que finissent par oublier de

1. Claudel, *Positions et propositions*, p. 11 et 162.
2. Gide, *Nourritures terrestres*, p. 35.
3. J. Chardonne, *L'Amour du prochain*, p. 93.

ressentir ceux que dévorent les problèmes de la poétique et de l'expression. *Le poème doit d'abord avoir été le poète lui-même :* « Audace d'être un instant soi-même la forme accomplie du poème », dit encore René Char. Maître mot.

Le poème ainsi conçu devient donc un moyen majeur d'immobiliser pour longtemps cette chose essentiellement fugitive, une perception neuve, une émotion; et de l'immobiliser de telle manière qu'elle reste *vivante* et *communicable*. Breton disait justement des poètes que « les manipulations auxquelles ils se livrent ont pour but de retenir l'éternité dans l'instant ». Il est essentiel de noter ici encore que c'était rester fidèle à la plus vieille définition, périodiquement obscurcie, de la poésie. Que la poésie soit le langage même de l'émotion, c'est ce que dit l'école anglaise, c'est ce que dit Poe, si nettement résumé par Valéry : « La poésie didactique, la poésie historique ou éthique, confondent étrangement les données de la connaissance *discursive* ou *empirique* avec les puissances de l'émotion[1]. » C'est ce que dit Duhamel écrivant : « C'est à la poésie qu'est remis le soin d'exprimer l'inexprimable[2]. » C'est ce que dit à la perfection Valéry lui-même : « La poésie est l'essai de représenter ou de restituer par les moyens du langage articulé, ces choses ou cette chose que tentent obscurément d'exprimer les cris, les larmes, les caresses, les baisers, les soupirs[3] »; c'est ce

1. Valéry, *Variété* II, p. 166.
2. Duhamel, *Le Figaro*, 13 janvier 1942.
3. Valéry, *Morceaux choisis*, p. 168.

que dit Claudel, quand il distingue la pensée rationnelle qui veut produire « dans l'esprit du lecteur un état de connaissance, de la connaissance poétique qui produit un état de joie[1] ». Breton, d'une formule parfaite en son équilibre, et poétique, avait une fois au moins réussi à situer aussi l'une par rapport à l'autre la connaissance rationnelle et la connaissance poétique, lorsqu'il écrivit : « Tout m'incline à une philosophie particulière de l'immanence d'après laquelle la surréalité serait contenue dans la réalité même (ne lui serait ni *supérieure* ni *extérieure*). Et réciproquement, car le contenant serait aussi le contenu. Il s'agirait presque d'un vase communicant entre le contenu et le contenant[2]. » La poésie s'ajoute à la perception du monde comme à la jeunesse sa fleur. C'est ainsi qu'Aristote avait déjà défini le plaisir; et c'est peut-être la même chose. Et d'autre part, que la poésie soit le secret d'arrêter le temps, d'éterniser l'émotion, c'est le plus vieux dogme depuis Homère, auquel font écho Ronsard et Malherbe; c'est le mot de Shelley, que « la poésie est l'image même de la vie exprimée dans son éternelle vérité »; c'est celui, dangereusement équivoque en son jargon, de Novalis, que « la poésie est le réel absolu »; c'est Valéry disant que « la poésie consiste essentiellement à changer ce qui se passe en ce qui subsiste[3] ». Char exprime à son tour cette merveille de la conservation transmissi-

1. P. Claudel, *Positions et propositions*, p. 11.
2. Breton, *Le Surréalisme et la peinture*.
3. P. Valéry, *Variété*, p. 57.

ble de l'émotion dans un aphorisme qui les dépasse probablement tous en ce qu'il est la définition poétique du poème, le poème le plus dense qui ait jamais été écrit sur la poésie fait d'une seule image abstraite et fulgurante : « Le poème est l'amour réalisé du désir demeuré désir », (*Partage formel*). Comme si Don Juan avait enfin trouvé le secret de faire que tous les baisers gardent à jamais le frémissement de l'irretrouvable premier.

*

Une telle conception de la poésie, comme les bonnes hypothèses scientifiques, mesure aussi sa force et sa valeur au nombre et à l'excellence des explications et des synthèses qu'elle autorise.

C'est parce que la poésie est la connaissance émotionnelle que sont justifiées toutes les définitions qui la réfèrent à l'enfance. Goethe voyait la poésie comme « un état d'enfance conservée ». De même Baudelaire : « Le génie n'est que l'enfance nettement formulée, douée maintenant, pour s'exprimer, d'organes virils et puissants. »

Le surréalisme, si curieux de s'appuyer sur toute investigation scientifique – psychiatrie, sexologie, freudisme, endophasie, etc. – semble avoir négligé l'apport que lui faisait une pédagogie révolutionnaire. Toute une école en effet découvre l'oppression que la pédagogie classique a fait peser sur le petit pré-homme, et s'évertue soit à concilier, soit à opposer les besoins de l'enfant avec les nécessités de la vie adulte socialisée. Le psychologue suisse Jean Piaget pose en fait qu'il existe « une pensée de l'enfant distincte en qualité, et non seulement en degré, de la pensée adulte » : qu'il faut se résoudre à « opposer mentalité enfantine à mentalité adulte »; que « le passage de la pensée enfantine à la pensée adulte n'est pas un simple déploiement d'éléments préformés », mais que ce passage est « une construction réelle » : « tout le développement de l'enfant paraît qu'on le veuille ou non, et quelque idée qu'on se fasse de la société, comme une socialisation progressive ». Le problème est dès lors de déterminer si cette *socialisation* des cerveaux d'enfants, telle tout au moins qu'elle est pratiquée jusqu'ici, est légitime ou non[1].

Toute la poésie (appuyée par la persistance avec laquelle aujourd'hui les écrivains humanistes, Mauriac, Gide, Martin du Gard, ont placé les sources les plus authentiques de la grandeur humaine aux époques – enfance, adolescence – où l'homme n'est pas encore totalement socialisé), toute la poésie répond : non.

Placard pour un chemin des écoliers, écrit par René Char en 1937, et qui pourrait sembler à tort un entracte en son œuvre, prend place dans ce mouvement pour sauvegarder ce qui était dans l'enfant, qu'on ne trouve plus dans l'homme, et qu'on voudrait tant y trouver : la poésie et la grandeur. C'est une plaquette homogène, toute pleine de son titre. *Placard pour un chemin des*

1. Jean Piaget, « La pensée de l'enfant obéit-elle à des lois propres? » in *L'enseignement public*, février 1928.

écoliers, panneau de signalisation routière à l'entrée du royaume de l'enfance. La dédicace *aux enfants d'Espagne, Allée du confident I, Quatre âges III et IV, Les Oursins de Pégomas*, et surtout la *Compagnie de l'écolière*, avec les *Exploits du cylindre à vapeur*, sept poèmes qui constituent en quelque sorte une déclaration des droits de l'enfance à disposer d'elle-même.

La *Dédicace* comme *Allée du confident I* contiennent déjà des paysages de souvenirs d'enfance. (« Il fallait avant toute chose assurer l'existence de nos difficiles personnes, entretenir les rouages de l'arc-en-ciel, administrer les parcelles de nos biens si mouvants »). Mais c'est le *Cylindre à vapeur* qui est à lui tout seul un roman de l'enfance. Un conte plus beau que tous ceux de Grimm ou de Perrault, dans lequel au lieu d'un fantastique à base de folklore, le poète restitue l'une de ces nombreuses aventures de notre véritable enfance où le fantastique est issu, sans artifice, de la vision même de l'enfant que nous nous souvenons d'avoir été. De même *Compagnie de l'écolière* est le poème jamais écrit des amours presque enfantines encore : un si parfait équilibre entre la langue de vieille chanson populaire et le rythme villonien que ce poème – aussi naturel, aussi merveilleux qu'un amour de quinze ans – semble la complainte même d'Augustin et d'Yvonne de Galais, la vraie ballade du *Grand Meaulnes*.

Le rêve de tous les poètes authentiques a été de rendre à l'homme un contact primitif avec le monde. Plus l'humanité se soumet – pour comprendre, agir et vivre – à l'image rationnelle du monde, plus la poésie est cet effort pour rétablir entre le monde et l'homme un contact aussi intuitif, aussi frais, aussi direct que possible. « L'ambition du poète [est] enfantine » (*m*) au sens littéral : il espère conserver au monde la saveur que celui-ci offrait à son cerveau d'enfant. (Haine significative de René Char contre l'école, « le préau méningité », qui a détruit ou failli détruire cette aptitude irremplaçable à la perception poétique.)

Cette tendresse sans système d'un poète pour son enfance et celle des autres est comme une préface à l'humanisme montant qui bientôt va gonfler l'œuvre de Char. C'est à cet enfant qui contenait l'homme qu'il « dédie sa dernière réserve d'espoir ». C'est pour lui qu'il se fait sentinelle planétaire à l'avant du paquebot Terre, qu'il guette l'avenir du monde, qu'il « entreprend le haut voyage de l'énergie de l'univers » :

« Veilleur éphémère du monde – A la lisière de la peur – Lance ta révolte valide – Elle emporte l'aigre duvet – l'horizon devient rose il bouge – *Enfant nous fermons tes plaies.* »

*

Cette conception de la poésie comme connaissance émotionnelle rend compte également de l'exactitude à la fois et de la fausseté du dépaysement surréaliste : l'image, l'objet, la peinture surréalistes, tous les efforts pour créer une perspective insolite, un éclairage paradoxal, partaient d'un sens exact du but à atteindre : un choc émotionnel neuf, puisque le quotidien a pour résultat de dépouiller notre univers de cette phosphorescence émotionnelle si nécessaire au goût de la vie. Mais le problème n'était pas de créer n'importe quel insolite, et tous les effets n'étaient pas également valables. Il s'agissait non de recréer n'importe quel univers étrange (avec un peu d'adresse on était sûr d'obtenir de son étrangeté même une certaine émotion. Quelle émotion?); mais, conformément aux meilleures formules surréalistes mêmes, il s'agissait de retrouver la réalité réelle de cet univers réel. Le choix, la vogue du mot *dépayser*, parfait lapsus, peignaient à eux seuls toute l'équivoque : pour le poète il s'agit non de dépayser mais de *rapatrier*.

*

C'est sans doute aussi l'analyse exacte des raisons pour lesquelles la poésie « change ce qui passe en ce qui subsiste », qui permet d'attaquer au bon endroit l'un des paralogismes valéryens les plus irritants. Sous prétexte que la poésie est un langage qui éternise ce qu'il touche, Valéry recherche les règles de la durée des langages pour en faire celles de la poésie. Au lieu d'étudier d'ailleurs les lois en vertu desquelles le grec et le latin sont morts tandis qu'Homère et Lucrèce en prolongent artificiellement la semi-existence, Valéry nous propose une longue métaphore : « Cent figures d'argile, si parfaites qu'on les ait pétries, ne donnent pas à l'esprit la même grande idée qu'une seule de marbre à peu près aussi belle. Les unes sont *fragiles* plus que nous-mêmes; l'autre l'est un peu moins[1]. » Ceci déjà n'est pas vrai; j'ai vu, de tous mes yeux, au musée d'Athènes une Tanagra de quinze centimètres pour laquelle j'aurais donné des tonnes de marbre sculpté, pour laquelle je me fusse fait voleur, si noble était l'idée qu'elle proposait des femmes. Mais nous sentons bien que toute la passion de Valéry tend à confondre l'éternité du matériau avec celle de la construction. « La voici, dit-il de sa statue de marbre, un monstre de grâce et de dureté, né *pour un temps indéterminé*, de la durée et de l'énergie d'une même pensée. *Ces alliances si rebelles* sont ce qu'il y a de plus précieux. Une grande âme a cette faiblesse pour signe, de vouloir tirer d'elle-même quelque objet dont elle s'étonne, qui lui ressemble, et qui la confonde, pour être plus pur, plus *incorruptible* et en quelque sorte plus nécessaire que l'être même dont il est issu[2]. » Et il ajoute : « Les exigences d'une stricte prosodie sont l'artifice qui confère au langage naturel les qualités d'une *matière résistante*, étrangère à notre âme, et comme sourde à nos désirs... Ces rigueurs des anciennes lois n'ont plus d'autre vertu que de définir tout simplement un monde *absolu* de l'expression[2]. » Absolu c'est-à-dire soustrait au temps, éternel. On voit la méprise; au contraire de ce que pense Valéry, ce n'est pas parce que tel langage est éternel qu'il y a poésie; c'est parce qu'il y a poésie,

1. P. Valéry, *Variété*, p. 61, 62.
2. P. Valéry, *Variété* I, p. 61, 62, 63, 64.

qu'il devient éternel. Il ne s'agit pas d'abord d'éterniser son langage : il peut y avoir des lois pour exprimer ses émotions, *il n'y en a pas pour les éprouver*. Ce n'est pas la matière linguistique qui doit être indestructible, c'est ce que l'homme a voulu lui faire dire. Sinon, l'on aura écrit pour les Athénée à venir, les philologues et les compilateurs, les historiens de la langue et de la littérature : mais non pour les hommes. C'est une émotion d'abord et qui le vaille, qu'il faut éterniser.

*

Il se pourrait aussi que la poésie conçue comme moyen d'arrêter le temps psychologique, ou plutôt de maintenir un moment l'écoulement agréable de ce temps, offrît plus de parenté qu'on ne veut bien admettre avec ce que la langue religieuse appelle état de prière, état de grâce, états mystiques. Depuis que Bremond ouvrit son débat fameux, il semble qu'on ait surtout tenu à ne pas assimiler trop profondément les états mystiques avec l'état poétique. Il faut toutefois noter que cette hostilité provient d'esprits dont on peut mettre en cause, sinon la sincérité, du moins l'objectivité; il leur est pratiquement interdit, s'ils sont des esprits religieux conséquents, d'admettre des états mystiques profanes.

Sans vouloir pénétrer dans un domaine terriblement technique, il paraît pourtant qu'on puisse renverser le problème et considérer si les états mystiques religieux ne pourraient pas être un cas particulier, et très particulier par l'objet des émotions qu'il recherche, de l'état poétique. On peut croire qu'un esprit non prévenu découvrirait sans doute sur ce terrain d'extraordinaires correspondances. Les états mystiques sont un monde qui a son histoire et sa géographie, fort touffues. Mais il n'est pas défendu de penser que sur les rapports de la poésie et des états mystiques, il reste à penser. Pour ma part je n'ai jamais rencontré un art de lire les poètes plus approprié que ce petit texte relatif à l'oraison, que je prends exprès dans un vieux manuel naïf, élémentaire : « Quand vous vous trouverez touché, suivez alors l'impression de la grâce; laissez-vous aller aux sentiments, aux affections et aux bons mouvements que vous ressentirez, et arrêtez-vous-y tant qu'ils dureront, sans vous mettre en peine de passer outre. Comme l'on ne bat le fusil que pour faire du feu, et qu'aussitôt qu'on en a fait, on s'arrête : de même, quand on se sent touché en l'oraison, il faut en demeurer là tant que ce moment durera[1]. »

Si le trait le plus général de tous les états mystiques est bien de substituer à la connaissance logique de l'existence d'un dieu, le sentiment de sa présence réelle, il se pourrait que la poésie fût fondée à reprendre à la mystique son bien. Echauffé par une intuition critique étonnante, l'abbé Bremond se lance dans *Prière et poésie*, entreprend d'éclairer l'expérience poétique par les expériences mystiques; puis on le sent qui fléchit,

1. *Méthode ou conduite chrétienne*, etc., 1838; Pelagaud, Lesne et Crozet, éditeurs, Lyon.

qui freine, parce qu'il n'a pas pu ne pas entrevoir ou pressentir que c'est peut-être au contraire l'expérience poétique qui éclaire l'expérience mystique : et il finit par rebâtir une cloison sommaire et fragile entre ces deux domaines, pour remplacer le mur qu'il vient d'abattre. Loin que la poésie fût un état mystique de qualité inférieure et profane, il se pourrait que les états mystiques ne fussent qu'une localisation, et peut-être même une perversion du pouvoir poétique. Langue de la grâce comme il est celle de l'amour, et parce qu'il est celle de l'émotion, tout poème n'est peut-être au fond qu'un bonheur décrit dans sa propre langue.

*

C'est sans doute enfin cette définition de la poésie qui permet le mieux de saisir et d'expliquer les rapports de Char avec Héraclite. On sait l'attention que le surréalisme accordait au philosophe grec. On verra le culte soutenu de René Char à son endroit.

Ecartons le fait visible – et non secondaire – d'une sensible parenté de ton entre Héraclite et René Char. La manière dont Léon Robin définit l'accent d'Héraclite (« C'était semble-t-il un recueil d'aphorismes en prose, dont la langue imagée et riche en antithèses, souvent ambiguë, a valu à Héraclite son surnom proverbial : *l'obscur*. Ce style d'oracle convient à un homme qui a une conscience énergique, et même excessive de sa personnalité supérieure. Au surplus il est indéniable que souvent la concision des formules et l'éclat des images donnent à la pensée tout son relief », etc.[1]); cette manière, dis-je, pourrait parfaitement convenir à la description littérale d'*Abondance viendra*, de *Moulin premier*, puis de *Partage formel*. Négligeons aussi pour l'instant le fait que Char exalte à la lecture d'Héraclite une sensation concrète du *devenir*, – qui n'existe à un tel degré chez aucun de ses compagnons surréalistes. N'examinons ici que la question célèbre de l'héraclitéisme, celle de l'identité des contradictoires. Une phrase bien connue de Breton va fixer sur ce point ce que les surréalistes extraient de l'Éphésien. « Tout porte à croire, écrit Breton, qu'il existe un certain point de l'esprit d'où la vie et la mort, le réel et l'imaginaire, le passé et le futur, le communicable et l'incommunicable, le haut et le bas cessent d'être perçus contradictoirement. Or c'est en vain qu'on chercherait à l'activité surréaliste un autre mobile que l'espoir de déterminer ce point. »

On constate ici la permanence de l'équivoque surréaliste sur le mot connaissance. L'harmonie des contraires est pour Héraclite une opération essentiellement logique, confiée à la pensée rationnelle. Pour lui, le point où les contraires cessent d'être perçus contradictoirement, c'est Dieu; et pour lui, Dieu est justement « jour et nuit, hiver et été, guerre et paix, satiété et faim », parce qu'il est la formule d'explication la plus générale du réel.

1. Robin, *La Pensée grecque et les origines de la pensée scientifique*, p. 86, 87 (Renaissance du Livre).

En ce sens, l'explication du jour et de la nuit par la rotation de la terre; ou des saisons par l'inclinaison de l'axe polaire sur le plan de l'écliptique; l'explication de la satiété et de la faim par la physiologie moderne; ou bien l'identification de la matière avec l'énergie par l'atomistique de Broglie – sont des exemples d'une résolution rigoureusement héraclitéenne des contraires. Répétons que le danger des formules de Breton (le surréalisme donne réponse à la crise philosophique du début du XXe siècle) est de laisser croire que le surréalisme apporte une réponse de même ordre, de même nature : de vouloir croire, exactement comme l'abbé Bremond, que la connaissance poétique, parce qu'elle procède de l'irrationnel, est une connaissance supra-rationnelle, une « activité plus haute » que la raison raisonnante, une « hyperscience[1] ».

L'exemple de Char permet au contraire de saisir exactement la nature de la résolution des contraires par la poésie... Si la poésie est « la connaissance productive du Réel », c'est-à-dire l'expression d'un état émotionnel, il n'y a pas de poésie-philosophie : Lucrèce, Vigny, Leconte de Lisle ne sont pas des poètes philosophiques par les systèmes qu'ils exposent ou qu'ils utilisent, mais par l'émotion qu'ils éprouvent pour leurs idées. Le *Cimetière marin* est un grand poème philosophique parce que Valéry réussit une fois, en dépit de sa poétique et de ses préjugés néo-classiques, à traduire adéquatement un des états émotionnels

1. Bremond, *Prière et poésie*, p. 26, IX, 59.

majeurs de sa méditation habituelle. Pour le poète donc, la résolution des contraires ne peut généralement consister en une découverte logique, mais en la découverte d'une émotion susceptible d'en annuler une autre, née de la non-résolution des contraires. Ainsi l'antinomie vie-mort : la chimie et la biologie nous ont depuis longtemps déjà rendus à son égard les égaux du Zeus d'Héraclite; il n'y a plus pour nous d'antinomie logique entre les notions de vie et de mort. Mais notre connaissance émotionnelle est loin sur ce point d'avoir suivi notre connaissance rationnelle. « Tel est, dit Jean Rostand, le message de la science. Il est aride. La science n'a guère fait jusqu'ici que donner à l'homme une conscience plus nette de la tragique étrangeté de sa condition, en l'éveillant pour ainsi dire au cauchemar où il se débat. On est fondé à souhaiter que, dans l'avenir, elle apprenne à user de sa puissance pour dispenser à l'homme la paix affective, l'aise morale... La science est allée trop loin maintenant pour s'arrêter en chemin, et l'on doit s'attendre qu'elle ajoute à sa rude doctrine des méthodes qui prépareraient les âmes à la recevoir. Il ne suffit pas en effet qu'elle nous enseigne notre néant, il faut qu'elle nous rende capables de le tolérer[1]. » A ce réquisitoire contre la désolation de la connaissance rationnelle du monde, que signerait n'importe quel surréaliste, le surréalisme ne peut répondre en fermant les yeux à l'univers rationnel pour se réfugier dans des paradis qui, pour ingénieux

1. J. Rostand, *Pensées d'un biologiste*, p. 106, 107.

qu'ils soient, sont toujours artificiels : il s'agit pour la poésie authentique de découvrir et d'inventer des émotions susceptibles de permettre à l'homme de vivre en paix avec sa réalité. Ainsi, avons-nous vu, Char résout l'antinomie vie-mort dans le domaine de la sensibilité : il s'agit de reconnaître au passage et de fixer pour jamais une émotion telle qu'elle résolve en les absorbant les deux sentiments contradictoires, amour de la vie et horreur de la mort.

Toutes les résolutions de contraires auxquelles se livre René Char ont lieu non pas dans le domaine de la pensée rationnelle, mais dans celui de la vie émotive, qui est le champ de la poésie. En un sens la lecture d'Héraclite par René Char est un transfert de l'opération héraclitéenne du domaine logique au domaine émotionnel : Char s'est nourri non pas de la valeur logique – définie par l'histoire de la philosophie –, mais de la valeur poétique d'Héraclite. La pensée de l'Ephésien agit sur lui non comme notion, mais comme image. Et c'est pourquoi sa conception de la poésie est si profondément héraclitéenne : l'émotion est par nature le caractère le plus fugace et le plus délectable du temps intérieur; la poésie est ce qui le fixe : c'est dans le seul domaine adéquat, celui de la sensibilité, la transformation héraclitéenne du temps en éternité.

LA POÉTIQUE

Ses doigts touchèrent l'autre rive
Mais le ciel bascula
Si vite
Que l'aigle sur la montagne
Eut la tête tranchée.

R. CHAR, *Arsenal.*

Une telle sensation de la poésie préserve du plus grand péril, auquel n'échappe presque personne : le passage de la poésie à la littérature.

Le problème capital en effet pour la poésie c'est de maintenir le contact entre « la matière-émotion instantanément reine », c'est-à-dire l'inspiration, – et l'expression de cette inspiration. Ou bien les poètes finissent par postuler que le poème leur est toujours accordé a priori, qu'ils sont toujours poètes, – et, ne pensant plus qu'à l'expression, aboutissent à la littérature. Ou bien, hantés par le souci de ne jamais perdre ce contact avec la bienheureuse émotion (Ah! Frappe-toi le cœur...), ils anéantissent l'expression au profit de l'inspiration : et le poème reste matière intraduite, intransmissible.

Le péril majeur est trop visiblement de perdre la poésie en cours d'expression : aussi René Char insiste-t-il sur l'antériorité de l'inspiration, de la donnée poétique immédiate, extérieure à toute littérature. « La tristesse des illettrés dans les ténèbres des bouteilles – L'inquiétude imperceptible des charrons – Les pièces de monnaie dans la vase profonde », dit-il, *sont des poètes (m)*. Mais en même temps, il ne perd jamais de vue le caractère oublié toujours par les tenants du cœur à tout prix : la poésie n'est pas une propriété constante, une possibilité permanente. Croire qu'on est toujours inspiré aboutit à la littérature aussi bien que le culte étroit de l'expression. *La poésie est un gaz rare*. Parce que l'émotion est un élément rare dans la vie, plus qu'on ne pense : observez-vous. *Arsenal* souligne déjà ce caractère : « Dès qu'il en eut la certitude, il facilita la parole », écrit René Char. Dès qu'il en eut la certitude, et non pas toujours, ou n'importe quand. Après *Artine* c'est une affirmation ininterrompue de la fragilité du bonheur poétique. Dans *Moulin premier :* « O touffe élargie, ô beauté *instable longtemps contrariée* de l'évidence, écrit-il, main-d'œuvre errante de moi-même. » Et encore : « Je te débusque lumière – A la suite formons un couple – Tels, nous serons introduits – Oh, de manière *discrète* – A la réception vécue, *écourtée* de la réalité ». Cet « au-delà de la beauté respirable », dit-il aussi, où « le présent relaxé donne sur la vie », tu l'atteindras, tu y auras « ton *heure* ».

« Tu es pressé d'écrire, – Comme si tu étais en retard sur la vie, – S'il en est ainsi, fais cortège à tes sources – Hâte-toi – Hâte-toi de transmettre – Ta part de merveilleux, de rébellion, de bienfaisance – Effectivement tu es en retard sur la vie – La vie inexprimable – La seule en fin de compte à laquelle tu acceptes de t'unir – Celle qui t'est refusée chaque jour par les êtres et par les choses – Dont tu obtiens *péniblement de-ci de-là quelques fragments décharnés* – Au bout de combats sans merci – Hors d'elle tout n'est qu'agonie soumise, fin grossière » (*m*).

Partage formel, le plus récent[1], le probablement définitif art poétique de René Char, multiplie les formulations de cette vérité à ne jamais oublier sous peine de rhétorique. « Magicien de l'*insécurité*, le poète n'a que des satisfactions *adoptives*. Cendre toujours *inachevée*. » Et encore : « Le poète est l'homme de la stabilité unilatérale. » Et pour décrire la quête du « raisin rare », il a cette image : « Traverser avec le poème la pastorale des déserts, le don de soi aux furies, le feu moisissant des larmes. Courir sur ses talons, le prier, l'injurier. L'identifier comme étant l'expression de son génie ou encore l'ovaire écrasé de son appauvrissement. *Par une nuit*, faire irruption à sa suite *enfin*, dans les noces de la grenade cosmique. » Et celle-ci : « Au-dessus de cet atroce hermétisme [de la vie quotidienne] s'élançait une colonne d'ombre à face envoûtée, endolorie, et à demi aveugle, *de*

1. En 1946.

loin en loin – ô bonheur – scalpée par la foudre. »

*

L'autre péril maintenant; cette attention passionnée à garder l'eau poétique parfaitement pure conduit à répudier tous les vases. Il reste donc à voir la position de René Char vis-à-vis des moyens d'expression.

Le trait dominant dès le début, c'est la défiance vis-à-vis de toute technique élevée à la hauteur d'un dogme, et d'un dogme exclusif. Logique : si la poésie est vraiment traduction émotionnelle satisfaisante et contagieuse d'un état essentiellement émotionnel, elle est soumise à la loi de la détérioration des émotions par la répétition. Toute utilisation d'un moyen d'expression peut épuiser définitivement sa valeur de moyen d'expression. Et surtout : toute utilisation *à vide* d'un moyen d'expression est mortelle. Rimbaud anéantit toute tentative de répéter Rimbaud. Il arrive même que le poète, abusant de soi, s'anéantisse soi-même : Hugo. « La connaissance productive du Réel... ne se remporte pas d'après une mesure compliquée de larmes, une construction joyeuse de ruses, mais est obtenue par une sorte de *commotion graduée*, de *fortune* » (*m*), répète inlassablement René Char. Comme Claudel, analysant magistralement les pouvoirs et les périls de l'alexandrin[1], et qui conclut : « Je n'ai nullement

1. Claudel, *Positions et propositions*, p. 17.

la prétention de détruire le vers régulier, qui après tout est un moyen d'expression parmi tant d'autres et il n'y a aucune raison de nous appauvrir d'aucun d'eux[1] », Char pense que tous les moyens sont bons, ou peuvent l'être. En fait, sur cette simple question de forme rythmique, nous voyons Char employer aussi bien la ligne inégale à valeur graphique (cf. *Possible*, in *Le Marteau sans maître*), le grand verset lié au contraire au souffle, la prose axiomatique et le poème en prose, la strophe et l'absence de strophe. *Compagnie de l'écolière* est une vraie ballade de cinq strophes égales, de huit vers de sept ou huit pieds chacun. *Tous compagnons de lit* est une grande ode de quatre strophes presque égales. *Post-scriptum* a neuf alexandrins blancs sur onze vers.

Tous les moyens sont bons mais ils ne sont pas toujours bons, et ils ne sont pas recensables. Vouloir que la poésie soit réductible à un certain nombre fixé de moyens, même surréalistes, est une position métaphysique fixiste, anti-dialectique. Tel ou tel moyen imprévu peut toujours apparaître, et bouleverser tous les codes : il n'est pas sûr que les rapports entre l'émotion et la disposition typographique, entrevus par Mallarmé, aient donné tout ce qu'ils recèlent, aient rencontré toutes les émotions qu'ils peuvent exprimer mieux. Il n'est pas sûr non plus que la calligraphie polychrome essayée par Barbey d'Aurevilly soit un fiasco définitif. Jusqu'à Rimbaud « je trouvai sacré le délire de mon esprit » était un art poétique latent,

1. Claudel, *Positions et propositions*, p. 88.

que la *Saison en enfer* a justifié. L'utilisation irrécusable du calembour, et du lapsus peut rencontrer son chef-d'œuvre poétique un jour[1]. Il n'y a pas de technique, pas de mécanique garantie; pour chaque poète la poétique, fût-ce la plus vieille, est à réinventer; et chaque poète épuise, pour les autres et parfois pour soi, sa propre poétique. « Inexpugnable sous sa tente de cyprès, dit encore René Char, le poète pour se convaincre et se guider ne doit pas craindre de se servir de toutes les clefs accourues dans sa main » (*s*).

Toute l'histoire de la poésie l'enseigne et personne n'y croit, sauf les génies : Racine, Hugo, Baudelaire ne sont pas ce qu'ils sont par les règles auxquelles ils ont cru qu'ils devaient leurs poèmes; à travers ces règles qui tantôt les servaient, tantôt les distrayaient, tantôt les opprimaient, ils sont parvenus à s'exprimer : la critique la plus fine aujourd'hui nous le démontre inlassablement, et brillamment. La règle unique est de parvenir à l'expression; et rien n'est évident comme la façon dont les plus beaux vers justifient cette thèse, échappent à toute poétique, à toute prosodie. On a remarqué depuis longtemps que les beaux vers raciniens, comme « Ariane, ma sœur... » « doivent leur musique, moins à la répétition de deux û et de quatre sifflantes qu'au prestige mythologique du nom d'Ariane, aux suggestions puissantes que donnent les mots et les idées d'amour, de bords lointains, d'abandon et de mort; mots et images infiniment riches de vibrations sentimentales, que

1. Prévert.

le poète déploie tout ensemble dans l'espace étroit de deux vers; l'afflux subit de ces évocations est tel qu'il semble dépasser les simples possibilités d'expression des mots[1] ».

« C'est le sens des vers, dit aussi Lote, qui règle le rythme total. » Valéry a beau dire, les moyens d'expression ne grandissent qu'à proportion de la grandeur du quelque chose qu'ils expriment, et non à proportion de leur propre perfection de moyens. « La chair est triste, hélas! et j'ai lu tous les livres », écrit Mallarmé : ces deux coordonnées prosaïques sont un vers immense, que ni l'antithèse chair-livres, ni le hélas! de la césure, ni l'équilibre des voyelles et des consonnes ne suffit à expliquer, à qui même toute la poétique mallarméenne est inutile. Tels vers gigantesques de Vigny, dans leur granit un peu raide (« J'aime la majesté des souffrances humaines »), tel vers de Valéry justement (« Le vent se lève, il faut tenter de vivre ») abolissent aussi toutes rhétoriques au profit de l'expression nue. Et j'évoque également cette Femme de Mallarmé dans *Le Phénomène futur* : « A la place du vêtement vain, elle a un corps; et les yeux, semblables aux pierres précieuses ne valent pas ce regard qui sort de sa chair heureuse. » Lorsque Eluard dit tout simple : « Il fallait bien qu'un visage – Réponde à tous les noms du monde », vous cherchez en vain comment passe en vous, d'un seul coup, cette conviction que l'amour existe, et pour vous. Char est

1. Lote, *L'Alexandrin d'après la phonétique expérimentale*, p. 167.

plein de ces communications foudroyantes qui sont des poèmes : « La femme suit des yeux l'homme vivant qu'elle aime. » Le secret de tels vers n'est pas enfermé dans les mots.

LE TON

Car la pierre crie au milieu de la muraille,
Et le bois qui lie la charpente lui répond.

HABACUC, II, 11.

« Autant que je puis m'en rendre compte, écrit Claudel, les jeunes écrivains les plus intéressants ne marchent nullement dans la direction que je crois la bonne. Les questions musicales paraissent leur être étrangères, ils sont obsédés par des images visuelles, qu'ils plaquent l'une à côté de l'autre sur un mur, inscrites comme dans des cartouches[1]. »

Il se pourrait que René Char sur ce point fût la réponse la plus claudélienne – aussi loin qu'on voudra de toute influence – à cette juste observation de Claudel, qui concerne évidemment les surréalistes.

Certains poètes ont un ton, qui ne leur manque jamais. Rimbaud, Verlaine, Hugo, Claudel ont un

1. P. Claudel, *Positions et propositions*, p. 85.

ton. Musset n'a point de ton; Lamartine ou Leconte de Lisle ont des pertes de ton. Baudelaire semble avoir manqué, lui aussi, de cette rigueur d'oreille : certains de ses plus beaux poèmes se perdent dans les sables d'une lamentable dernière strophe. Claudel a noté la bourre qui cale dans un quatrain deux beaux vers de *Femmes damnées*[1]; et Valéry « sur les quatorze vers du sonnet *Recueillement*, s'étonne d'en compter cinq ou six d'une incontestable faiblesse[2] ». Mais Valéry lui-même offre maints exemples de ces absences d'un ton porteur, auxquelles aboutissent ou les négligents, ou les trop arides partisans du travail : alors que le *Cimetière marin, Palme et Poésie*, sont coulés d'un seul jet de métal sans défaut sonore, le *Narcisse* et *La Jeune Parque* ressemblent moins rythmiquement parlant, à des fleuves qu'à des oueds; et je compte parmi les illustrations du raté poétique leurs enjambements sans motifs, leurs rejets indifférents, leurs points suspensifs qui ne produisent point la suspension qu'ils recherchent, et tant de limpidités sans objet, de parfaitement inutiles allitérations.

Char a, quasi sans défaillance, ce que Bachelard a nommé « la sûreté acoustique ». Il émet un chant continu, mais on se sent toujours devant quelqu'un pour qui bien écrire n'est pas le principal; pour qui le bonheur de la forme est le *surcroît* d'une activité plus haute que la recherche de la forme. Il vous entraîne au-delà de l'expres-

1. P. Claudel, *Positions et propositions*, p. 38.
2. P. Valéry, *Variété* II, p. 169.

sion. Chez lui, il n'y a jamais de « mots ». Quand Valéry dit : « Harmonieuse moi, différente d'un songe, – Femme flexible et ferme aux silences suivis – etc. », la perfection phonétique trouve le contraire de son objet : elle ne se fait pas oublier au profit de ce qu'elle chante, nous voyons trop ces *m*, et ces *f*, et ces *s*, et ces *d*, nous voyons trop l'horlogerie de la phrase, et le métier nous distrait de l'œuvre. Au contraire si, selon Claudel, l'exclamation de Pascal est un si beau vers (« Que de royaumes nous ignorent! »), on ne peut s'empêcher de croire que c'est d'abord parce que Pascal n'a pas fait son souci premier de rencontrer l'o grave avec l'o clair, ni l'alternance des liquides. Chez René Char, on n'est jamais distrait d'abord par l'expression : l'artiste est l'homme qui commence ou finit par préférer le mot à la chose; le poète la chose au mot. Un poète ne jongle pas avec son outil, il parle; il n'a pas de temps à perdre.

La langue de Char a cet éclat extraordinaire de tous les mots, cette densité constante, cette couleur, cette énergie, cette richesse – et cette homogénéité – qui font dire de quelqu'un qu'il a une langue. Il ne se borne pas à astiquer un mot de place en place pour produire un effet, tandis qu'à côté tous les autres affirment aussitôt leur platitude; il n'enchâsse pas des trouvailles.

La poésie, dit-il dans Moulin premier, *la poésie est pourrie d'épileurs de chenilles, de rétameurs d'échos, de laitiers caressants, de minaudiers fourbus, de visages qui trafiquent du sacré, d'acteurs de fétides métaphores, etc. Il serait sain d'incinérer sans retard ces artistes.*

Ou bien : *Historien aux abois, frère, fuyard, étrangle ton maître. Sa cuirasse n'est qu'une croûte. Il a pourri la santé publique. Autrement tu sombrais dans la tendresse. Entre les cuisses du crucifié se balance ta tête créole de poète. La lave adorable dissout la roche florissante.*

L'ennemi barbouillé de rouille est coiffé d'une peau de porc-épic. Il est naturel depuis le naufrage de la justice. Il se passionne pour les infirmes. C'est une loque. Il vole les boueux. C'est une crapule. Il aime se clapir dans les plis des torchons. C'est un solitaire. Ce dieu n'a jamais osé respirer un mort intentionnel. C'est un lâche[1].

On pourrait multiplier les citations : partout la même justesse, la même assurance.

Mais avant la langue même, c'est le rythme, le souffle habituel de son chant qui est à Char. Comment définir ce rythme? Rien de mineur. Un souffle large. L'éloquence, c'est-à-dire le ton d'une voix qui sait parler haut. La vigueur, la plénitude. Une aptitude à la grande ode, au long chant soutenu sans hypnose, qui se manifeste éclatante : dans *Tous compagnons de lit,* dans *Le Visage nuptial.* Substitué à l'harmonie formelle de hasardeuse en ses rencontres des formes fixes, le sens des accords intérieurs, des convenances irremplaçables entre une émotion unique et tel ordre unique aussi des mots qui la transcrivent.

Tout ce qu'on a lu jusqu'ici de citations ne constitue au vrai qu'une anthologie de ces accords

1. R. Char, « Les rapports entre parasites », in *Le Marteau sans maître,* p. 128.

si parfaitement résolus. Qu'on relise *Quatre âges (III),* ce cri sculpté; qu'on écoute ces larges rythmes battants souverains : « Tête d'agneau sanglant, le cœur avait perdu toute sa laine » (le cri et le soupir, la colère et le désespoir); « Haine, nous te fendrons le roc avant de tomber à genoux! » (le cri et le coup). A côté de cette plénitude dans la violence, on a déjà entendu, plénitude dans la tendresse, *Congé au vent,* puis ce distique angélique « Des yeux purs dans les bois – Cherchent en pleurant la tête habitable ». Qu'on écoute encore, extrait d'*Envoûtement à la Renardière*[1], et pour exprimer le bien-être ineffable du premier moment de l'amour : « Je demeurais là, entièrement inconnu de moi-même, dans votre moulin à soleil, exultant à la succession des richesses d'un cœur qui avait rompu son étau. Sur notre plaisir s'allongeait l'influente douceur de la grande roue consumable du mouvement, au terme de ses classes. » Qu'on écoute ces interrogations pathétiques (« Brumaire de mon âme jamais escaladé, qui fait feu dans la bergerie déserte? » – « Les clous dans notre poitrine, la cécité transissant nos os, qui s'offre à les subjuguer? »); qu'on écoute ces adjurations étonnantes (« Aile double des cris d'un million de crimes se levant soudain dans des yeux jadis négligents, montrez-nous vos desseins et cette large abdication du remords » – ou bien : « Dure afin de pouvoir mieux *aimer* un jour ce que tes mains d'autrefois n'avaient fait

1. Comme toutes les citations de ce paragraphe, *Envoûtement à la Renardière* est extrait de *Seuls demeurent.*

qu'effleurer sous l'olivier trop jeune »); qu'on réécoute enfin ces arrêts du temps, ces silences (« Il faisait nuit. Nous étions serrés sous le grand chêne de larmes. Le grillon chanta. Comment savait-il, solitaire, que la terre n'allait pas mourir, que nous, les enfants sans clarté, allions bientôt parler? »).

Il est inutile, après Claudel, d'analyser cette prose plus totalement poétique que le vers, plus accordée à son objet individuel, plus inimitable. Architecture des coupes, résurrection vivante des brèves et des longues authentiques dans une langue qui se croyait sourde à la métrique, accord des voyelles et non leur symétrie sommaire à la rime; liaison heureuse des consonnes et non leur allitération mécanique : restauration de la liberté dans la quantité musicale et non additions de *pieds* arbitraires, constituent le flot sonore le plus joyeux à porter les grands vaisseaux des émotions et des images.

LE PARTISAN

Vieux sang voûté, mon gouverneur, nous avons guetté jusqu'à la terreur le dégel lunaire de la nausée. Nous nous sommes étourdis de patience sauvage; une lampe inconnue de nous, inaccessible à nous, à la pointe du monde, tenait éveillés le courage et le silence.

RENÉ CHAR,
Seuls demeurent.

Nous avons baigné ces deux années[1] dans un commentaire ininterrompu de la Résistance, de la Clandestinité, de la Libération, – où la poésie le dispute à la prose. Le même foisonnement se produisit voici cinq ans, le même feu de paille : on criait au miracle poétique; et deux ans suffirent à classer cet incident dont il faut bien dire aujourd'hui qu'il ne reste à peu près rien. Dans cette éclosion des poèmes résistants dont la sincérité n'est pas en cause, je crains qu'on ne voie surtout d'ici peu toute une actualité déjà froide,

1. 1944-1946.

toute une littérature inefficace et touchante de la bonne volonté. Les plus beaux sentiments ne suffisent pas à faire des chefs-d'œuvre. De notre plus bouillante poésie politique, il reste aujourd'hui les *Châtiments*. Cœur exigeant, je voudrais déjà pour nos années terribles des mots qui ne périront pas. Trois ou quatre noms tout au plus. Char est l'un d'eux.

Au centre de *Seuls demeurent,* où sont rassemblés ses écrits de 1938 à 1944, il y a huit poèmes partisans, huit chants d'espoir et de lutte. Mais, dans ces huit textes, le temps n'aura pas à choisir; comme les *Destinées* de Vigny, je les vois s'avancer sur une seule ligne, égaux, porteurs d'émotions inaltérables.

Pour parler de ce temps, les poètes sont retournés tout droit presque tous et d'instinct aux formes si saines, si justes de la complainte, de la ritournelle atroce, de la vieille chanson peuple. (Qui n'a pas senti le pouvoir de « Brave marin revient de guerre... » ignorera toujours un certain sens de la poésie.) Aragon, que sa facilité condamnera peut-être à rester le Béranger, l'Edmond Rostand de notre actualité. Eluard du *Rendez-vous allemand,* qui se rend sans système à des échos de même ordre, plus subtils et plus sûrs : *Bêtes et méchants* doit devenir une espèce de grand *Pas d'armes du Roi Jean,* une ballade du ton populaire le plus authentique; et c'est souvent que derrière le ton d'Eluard chante par transparence un vieil air de chez nous. (« As-tu vu ton semblable – comme il profite de tout... » c'est notre vieux chant de guerre enfantin : « As-tu vu

Bismar-que... ») Des textes comme *Pensez,* par le dedans de leur chant, évoquent invinciblement le Verlaine qui se parlait aussi sur l'air de Jean de Nivelle. La litanie (*A furore germanorum, libera nos domine*) s'insère tout naturellement dans ces formes expressives, comme avec *A celle dont ils rêvent.* Eluard, si peu rhétoricien pourtant, se confie sans calcul aux constructions oratoires éternellement sûres, à la longue accumulation hugolienne, au martèlement sonore, à la scansion vocératrice des *Châtiments. (Puisque le juste est dans l'abîme... puisque... puisque... puisque;* ou bien : *S'il n'en reste que mille... s'il n'en reste que cent...)* Tel est le dessin très simple de *Courage (Paris... Paris... Paris... Paris...),* des *Belles balances de l'ennemi (Des... Des... Des... Des)* d'*Un petit nombre d'intellectuels (Ils... Ils... Ils... Ils...),* et de beaucoup d'autres poèmes.

Char demeure à l'écart de ce courant; il possédait déjà, nous venons de le voir, le ton de ce temps du mépris, le sens de la grande apostrophe, le souffle de l'appel et de la colère, – le sens de la parole parlée, de la parole criée. *Louis Curel de la Sorgue, Vivre avec de tels hommes, Le Bouge de l'historien, Chant du refus, Carte du huit novembre, Plissement, Hommage et famine, La Liberté,* représentent la moins écrite de toutes les voix qu'il nous ait été donné d'entendre. Leur forme est le discours, c'est-à-dire la parole exercée à voix haute; leur mode est la période; leur destinataire un auditoire, au sens propre.

Il existe une conception traditionnelle de la période avec les patrons toujours cités de Bossuet, de Rousseau, de Chateaubriand. Cette période classico-romantique est une grande phrase organique, un navire à la vaste voilure, un instrument sonore imposant. Disons toutefois qu'elle tend presque toujours à se contenter d'un petit nombre de combinaisons de rythme toujours les mêmes, à devenir une forme fixe; presque aussi fixe en ses possibilités que l'alexandrin. On aboutit à une sorte de grand vase ornemental indifféremment vide ou plein de tout ce qu'on veut; à une sorte de majesté passe-partout, dont l'oreille attend les cadences prévues.

Il suffit de relire les premières phrases de l'oraison funèbre pour Henriette-Marie de France. « Celui qui règne dans les cieux, et de qui relèvent tous les empires, à qui seul appartient la gloire, la majesté, l'indépendance, est aussi le seul qui se glorifie de faire la loi aux rois et de leur donner, quand il lui plaît, de grandes et de terribles leçons. Soit qu'il élève les trônes, soit qu'il les abaisse, soit qu'il communique sa puissance aux princes, soit qu'il la retire à lui-même et ne leur laisse que leur propre faiblesse, il leur apprend leurs devoirs d'une manière souveraine et digne de lui... » On perçoit la perfection, mais la limite de ces combinaisons de cadences ternaires ascendantes ou descendantes, ponctuées ou non de mouvements plus brefs : soit trois longues (j'appelle ici longue une phrase musicale vraie, un ensemble de mots liés par le même souffle entre deux silences), soit trois longues de plus en plus longues, dont l'ampleur tombe à pic sur une brève finale; soit trois longues de moins en moins longues, après deux brèves opposées; soit les quelques autres combinaisons possibles de ces éléments simples, – dont le pouvoir est de porter noblement, mais dont la faiblesse est de porter n'importe quoi de la même noble démarche.

Ecoutons Rousseau maintenant : « Comme il n'y a pas sur ces heureux bords de grandes routes commodes pour les voitures, le pays est peu fréquenté par les voyageurs; mais il est intéressant pour des contemplatifs solitaires, qui aiment à s'enivrer à loisir des charmes de la nature, à se recueillir dans un silence que ne trouble aucun bruit, que le cri des aigles, le ramage entrecoupé de quelques oiseaux, et le roulement des torrents qui tombent de la montagne. »

Ecoutons Chateaubriand aussi : « L'élégance des mâts et des cordages, la légèreté des matelots qui voltigent sur les vergues, les différents aspects dans lesquels se présente le navire, soit qu'il vogue penché par un autan contraire, soit qu'il fuie droit devant un aquilon favorable, font de cette machine savante une des merveilles du génie de l'homme. »

Après ce Chateaubriand-Baudelaire, écoutons encore un Chateaubriand-Bossuet : « Sur le chemin de l'Océan, le long duquel on n'aperçoit ni arbres, ni villages, ni villes, ni tours, ni clochers, ni tombeaux; sur cette route sans colonnes qui n'a pour bornes que les vagues, pour relais que les vents, pour flambeaux que les astres, la plus belle des aventures, quand on n'est pas en quête de terres et de mers inconnues, est la rencontre de deux vaisseaux. »

A cette admirable musique toute faite, s'oppose une autre période inimitable, imprévisible, – une suite de mesures absolument adéquates à l'émotion particulière qu'elles modulent. Claudel en cite chez Pascal de superbes exemples, et surtout dans la prose de Rimbaud.

Le mouvement rythmique est chez René Char de la même essence. Comme Pascal et Rimbaud, mais au rebours de poètes à qui toujours est nécessaire un certain élan, Char est lui-même à la première mesure. Chacune de ses premières phrases – et peut-être surtout dans les poèmes partisans – est une ouverture, d'une plénitude sonore qui, comme au concert, vous gagne à l'émotion sur-le-champ (les trois premiers coups d'archet d'un orchestre sont une opération magique, ils changent les rythmes du cœur, le poids du sang dans nos artères; ils transforment la qualité de notre attention). C'est là que se déploient les grandes interpellations poignantes (« Sorgue qui t'avances derrière un rideau de papillons qui pétillent, ta faucille de doyen loyal à la main, la crémaillère du supplice en collier à ton cou, pour accomplir ta journée d'homme, *quand* pourrai-je m'éveiller et me sentir heureux au rythme modelé de ton seigle irréprochable? »); poignantes et toujours si distinctes pourtant les unes des autres (« Les clous dans notre poitrine, la cécité transissant nos os, *qui* s'offre à les subjuguer? »); là les invocations sacrées (« Femme qui vous accordez avec la bouche du poète, ce torrent au limon serein, qui lui avez appris alors qu'il n'était encore qu'une graine captive de loup anxieux, la tendresse des hauts murs polis par votre nom – hectares de Paris, entrailles de beauté, mon feu monte sous vos robes de fugue, – Femme qui dormez dans le pollen des fleurs, déposez sur son orgueil votre givre de médium illimité, afin qu'il demeure jusqu'à l'heure de la bruyère d'ossements, l'homme qui pour mieux vous adorer reculait indéfiniment en vous la diane de sa naissance, le poing de sa douleur, l'horizon de sa victoire »); là, les grands levers de rideau pleins d'horreur comme, entre deux grands blancs de silence, cette entrée du *Bouge de l'historien :*

La pyramide des martyrs obsède la terre.

*

« Voici, dit Claudel, une phrase d'Arthur Rimbaud, (mais il n'y aurait qu'à puiser dans cet assemblage de merveilles qu'est la *Saison en enfer*) : “ Et par une route de dangers ma faiblesse me menait aux confins du monde et de la Cimmérie, patrie de l'ombre et des tourbillons. ”

« Je n'ose, continue Claudel, profaner ce texte superbe par des accentuations scolastiques, et je laisse au lecteur le plaisir d'en découvrir toutes les beautés de consonances, d'allitération, de mouvements et de dessin. »

Puis encore : « Je ne résiste pas au bonheur de citer cet autre vers beaucoup plus simple, mais si grand et si pathétique : “ Sur la mer que j'aimais comme si elle eût dû me laver d'une souillure, je voyais se lever la croix consolatrice ”. »

Je n'y résiste pas non plus, ni au danger de profaner à mon tour un texte superbe :

Vivre avec de tels hommes.

Tellement j'ai faim, je dors sous la canicule des preuves. J'ai voyagé jusqu'à l'épuisement, le front sur le séchoir noueux. Afin que le mal demeure sans relève, j'ai étouffé ses engagements. J'ai effacé son chiffre de la gaucherie de mon étrave. J'ai répliqué aux coups. On tuait de si près que le monde s'est voulu meilleur. Brumaire de mon âme jamais escaladé, qui fait feu dans la bergerie déserte? Ce n'est plus la volonté elliptique de la scrupuleuse solitude. Aile double des cris d'un million de crimes se levant dans des yeux jadis négligents, montrez-nous vos desseins et cette large abdication du remords.

. . . .

Montre-toi; nous n'en avions jamais fini avec le sublime bien-être des très maigres hirondelles. Avides de s'approcher de l'ample allègement. Incertains dans le temps que l'amour grandissait. Incertains, eux seuls, au sommet du cœur.

Tellement j'ai faim.

Chaque phrase est une unité pour la sensibilité. C'est là l'un des caractères de Char, un secret de sa densité bouleversante peut-être : l'émotion d'une phrase ne déteint pas sur les suivantes, le rythme d'une émotion ne se transmet jamais par inutile contagion stylistique à ce qui la suit. D'autre part, le mouvement successif des émotions reste toujours naturel. (Une faiblesse lyrique est cet empiètement de la réflexion sur les émotions qu'elle essaie d'exprimer; presque toujours le poète retrace ses émotions selon une logique qui n'est plus la leur, – qui est celle de l'esprit qui les observe après coup. Char garde à la suite de ses émotions l'efficacité de leur illogisme.)

Ecoutez ces phrases. Ecoutez-les venir battre l'une après l'autre quelque chose en vous qui résonne; chacune avec son chant distinct, chacune tombant comme une pierre après l'autre dans un puits qui est votre cœur, chacune élargissant ses grandes marges au milieu de votre silence. Ecoutez ce frémissement d'abord, ces décisions martelées, puis ces phrases sèches comme des coups; écoutez cette interrogation qui éclate au milieu du grand vide que le poète a fait autour dans votre tête : *Brumaire*... Ecoutez cette élévation de la fin, ce grand mouvement qui vous porte par des degrés comme des plateaux de plus en plus étroits, jusqu'à la cime finale.

Tellement j'ai faim (ferveur, espoir). *Je dors sous la canicule des preuves.* (Sang-froid; je dors mieux qu'Alexandre après la bataille soi-disant perdue, je nie la retraite et la défaite à leur point culminant de soi-disant évidence : été quarante.) *J'ai voyagé jusqu'à l'épuisement, le front sur le séchoir noueux.* (Retour offensif des preuves, souvenir de débâcle, de camion plein d'objets et de soldats rompus. Et puis après? Qu'est-ce que cela prouve?) *Afin que le mal demeure sans relève, j'ai étouffé ses engagements* (je refuse de discuter, je refuse de raisonner avec les haut-parleurs de la trahison). *J'ai effacé son chiffre de la gaucherie de mon étrave* (dénégation tranquille : je refuse le présent, je refuse l'avenir de la défaite; je refuse de faire route à bord du navire négrier). *J'ai répliqué aux coups* (la raison *après* la décision : logique de l'émotion. J'ai appris dans l'action la logique de l'action. En répliquant aux coups, j'ai appris qu'on peut toujours répliquer aux coups). *On tuait de si près que le monde s'est voulu meilleur*. (Axiome aussi extraordinaire que : je pense donc je suis. Syllogisme apparemment rigoureux; évident, comme celui de Descartes, avant qu'on en ait suivi la logique. Evidence poétique.) Mais la chaîne de l'émotion se rompt, le présent fait irruption dans la méditation. *Brumaire de mon âme jamais escaladé, qui fait feu dans la bergerie déserte?* (On ne peut pas vivre avec de tels hommes, avec ceux qui font feu dans la bergerie déserte au petit jour; il faut monter jusqu'au brumaire jamais escaladé de notre âme; apprendre à monter difficilement tout seul jusqu'à l'endroit caché d'où nous nous découvrons le droit de tuer sans commandement, le droit de violer des lois évidentes; il faut monter jusqu'à l'évidence tragique du droit au coup d'état contre le faux Etat.) Puis l'émotion change de cours encore, illogique et rigoureuse : ce n'est plus le temps du surréalisme expérimental, et d'authentiques émotions jalousement guettées, patiemment espérées, provoquées presque : *ce n'est plus la volonté elliptique de la scrupuleuse solitude*. Les poètes hier les plus passionnément quêteurs du sens de l'homme, c'étaient encore malgré leur bonne foi, malgré leur courage, c'étaient *des yeux négligents*. Au tournant d'aujourd'hui, comme explose une volée de corbeaux sous les pas du promeneur abstrait, le sens immédiat de l'homme éclate dans la défense de l'homme concret contre le péril immédiat : *Aile double des cris d'un million de crimes se levant dans des yeux jadis négligents, montrez-nous vos desseins et cette large abdication du remords.*

(Retour, après un grand silence, sur ce passé de surréalisme et de poésie : *Montre-toi*; montre-nous le monde tel que les nazis l'ont défait...) *Nous n'en avions jamais fini avec le sublime bien-être de très maigres hirondelles.* Nous vivions dans un monde où la poésie s'acharnait à juste titre à poursuivre des émotions, mais elles étaient trop maigres. Nous avions raison, nous cherchions passionnément le secret d'un bonheur pour tous les hommes à travers notre exploration; les très maigres hirondelles étaient *avides de s'approcher de l'ample allègement.* Nous étions incertains pourtant, incertains sur notre mission, sur nos moyens de futurs défenseurs de nouveaux droits de l'homme, *incertains dans le temps que l'amour grandissait.* Sans nous en douter, déjà défenseurs de tout l'homme, à la pointe de l'homme. *Incertains, eux seuls, au sommet du cœur.*

Mais l'homme doit être sauvé des brûleurs d'os, des trafiquants de cadavres plats. La fureur est juste, l'espoir légitime, *Tellement j'ai faim.*

*

Telle est l'éloquence de Char.

De ce même accent, Char a dit quelques-unes

de nos émotions les plus profondes de ces cinq années. Le refus d'abord, nous venons de le voir, dès l'été 1940, de vivre avec de tels hommes, d'envisager de vivre avec de tels hommes. Dans un autre poème, intitulé *Le Chant du refus (début du partisan),* Char dit encore, avec simplicité : « Le poète est retourné pour de longues années dans le néant du père. Ne l'appelez pas, vous tous qui l'aimez. S'il vous semble que l'aile de l'hirondelle n'a plus de miroir sur terre, oubliez ce bonheur. Celui qui panifiait la souffrance n'est pas visible dans sa léthargie rougeoyante. »

Un autre caractère des poèmes partisans de Char est leur violence physique contre la chose hitlérienne. Chez à peu près tous les poètes de la Résistance, il y a une haine contre les Allemands, les baïonnettes allemandes, les bottes allemandes, les actions allemandes; une haine plurielle concrète, immédiate. Sans vouloir hiérarchiser, j'aime pourtant que Char ait sur ce point gardé son pouvoir de vivre l'abstrait, qui donne à sa violence une dimension égale à l'objet même de cette violence. Les poètes de l'agression qui savent nommer l'ennemi sont peu. Dante vraiment très grand, qui ne rapetisse jamais ceux qu'il cingle. Le Hugo des *Châtiments,* surtout dans le ton rabelaisien de la colère, avec les Troplong et les Trochu, les Dupin, les Saint-Arnauld (un de nos livres de chevet, ces dernières années, malgré l'exploitation complaisante, et certaine truculence facile; avec *L'Année terrible*).

Au-dessus de cette espèce de fonctionnaire à demi-naturalisé, l'occupant, Char voit toujours l'hitlérien, l'inquiétant décérébré à peau d'homme. La nausée sera le réflexe ordinaire du poète devant la tératologie nazie. « Courbé, – dit-il à Louis Curel de la Sorgue, à l'inflexible vétéran révolutionnaire, – courbé, tu observes aujourd'hui l'agonie du persécuteur qui arracha à l'aimant de la terre la cruauté d'innombrables fourmis pour la jeter en millions de meurtriers contre les tiens et ton espoir... Ecrase donc encore une fois cet œuf cancéreux qui résiste. »

La phonétique a commandé le pli des narines et des lèvres, invinciblement, jusqu'au crachat. « Miroir de la murène, Miroir du vomito. Purin d'un feu plat tendu par l'ennemi », crie le poète au *contentieux des massacreurs.* (Il faut avoir vu quelque ouvrier lisant à midi la lettre par laquelle un vague homme de loi lui dit « qu'on remet votre affaire aux mains de notre *contentieux* », pour éprouver la qualité d'un tel mot. Mot dont le dictionnaire même ne lève pas l'anonymat. On ne saura jamais ce qu'est ce contentieux, homme ou bureau, juge, avocat, greffier, quoi? Araignée invisible dans les recoins jamais balayés des maisons de justice. Le rez-de-chaussée français de la Gestapo, ce contingent de mouchards, moitié souteneurs, moitié miliciens, ces sadiques de la lettre anonyme en gros, pour le poète, c'est le *contentieux des massacreurs.*) Si le nom de Hitler n'a pas trouvé place dans les poèmes de Char, il est le seul à l'avoir marqué au fer rouge, avec une phrase lourde de la répulsion physique que nous avions quand les journaux et les cinémas munichois nous obsédaient de la face promise aux bocaux de formol. « L'homme aux dents de furet abreuvait son zénith dans la terre des caves, dit René Char, l'homme au teint de mouchard tuméfiait partout la beauté bien-aimée. » L'homme aux dents de furet, l'homme au teint de mouchard entrera dans le bestiaire humain de l'histoire.

A côté de cette qualification du mal, il faut sentir chez René Char une inaptitude totale à se consoler de la mort des autres. Il y a des morts inévitables, il y des morts acceptées, nécessaires et courageuses, – terribles dettes pour les survivants, dettes inextinguibles à qui ne manque pas d'imagination. Mais il n'y a pas de morts joyeuses pour ceux qui sont conscients. Celui qui meurt content, c'est l'aventurier qui se serait aussi bien trouvé dans l'autre camp. Rien n'est difficile comme de parler de ceux qui sont morts pour nous. Je ne vois personne qui jamais encore y soit pleinement parvenu. Notre poésie sur ce point reste imprégnée d'une rhétorique gréco-latine, elle-même issue d'une sociologie pour laquelle, au fond, l'être humain n'existait pas encore. Ce qu'on dit des morts est terriblement vide. *Ceux qui pieusement sont morts pour la Patrie...*, l'hymne hugolien, sommairement, bouche un grand trou de notre lyrique. La reconnaissance est un geste vague, la flamme du souvenir est une formalité. Je n'écris pas ceci pour heurter, ni de gaieté de cœur. Je voudrais simplement, pour ceux qui sont morts, des mots différents de ceux que disait Poincaré, dans les cimetières. J'aime encore mieux celui, si bouleversant du peuple : « C'est toujours les meilleurs qui s'en vont[1]. »

Char ne résout, ni même n'aborde ce problème difficile, – mais à l'endroit juste où devrait surgir le chant funèbre, apparaît chez lui, toujours la même, une émotion espérante, un grand vœu pour les vivants, le rayonnement de la continuation de la vie des autres : dans *La Liberté,* dans la parenthèse d'*Hommage et famine,* dans la belle phrase de *Plissement*; dans ce grand cri d'un cœur qui veut économiser *nos* morts : « Ah! beauté et vérité fassent que vous soyez *présents* nombreux aux salves de la délivrance. »

1. J'ai rencontré plus tard, cn 1947, dans *Exécutoire* de Guillevic, un des rarissimes poèmes qui soient ce chant funèbre : c'est *Souvenir* (p. 179-180).

L'HOMME

> *La troisième marque est la* catholicité. *Je veux dire que ces poètes précellents ont reçu de Dieu des choses si vastes à exprimer que le monde entier leur est nécessaire pour suffire à leur œuvre.*
>
> P. CLAUDEL,
> *Positions et propositions,* p. 164.

Sur la couverture du premier numéro de la *Révolution surréaliste* éclatait ce cri de splendide orgueil : « Il faut aboutir à une nouvelle déclaration des droits de l'homme. »

Ce n'est pas sans peine que les meilleurs ont soutenu cette ambition. Aragon, pour servir l'homme, a paru se renier; son protéisme, littérairement du moins, pose un problème. Eluard a, sur la communion des vivants, plusieurs formules émouvantes : « La solitude des poètes, aujourd'hui, s'efface. Voici qu'ils sont des hommes parmi les hommes, voici qu'ils sont des frères. » Ou bien, règle admirable d'intelligence entre le poète et ses lecteurs : « Depuis cent ans, les poètes ont appris les chants de révolte de la foule malheureuse, et, *sans se rebuter, essaient de lui apprendre les leurs*[1]. » Malgré *Poésie et vérité* 42 (Et parce que nous nous aimons – Nous voulons libérer les autres) il y a quand même, et si précieux soit-il, un certain narcissisme d'Eluard. C'est son aptitude et son pouvoir, il est *intime* à jamais : dans l'univers d'Eluard il n'y a longtemps qu'un homme, il n'y a longtemps qu'Eluard s'écoutant à perte de miroirs; il ne nous parle pas, il nous parle de nous, parce qu'il parle de lui. Et ce n'est pas le diminuer que bien le définir, – il correspond de tout son être au grand secret lyrique : ô insensé qui crois que je ne suis pas toi[2].

Chacun donne ce qu'il est fait pour donner. René Char apparaît comme un homme pour qui les autres ont toujours existé concrètement. Cette attention passionnée qu'Aragon, qu'Eluard au fond n'accordent vraiment qu'à eux, Char a le pouvoir de l'étendre aux autres; il possède le pouvoir merveilleux de sortir aussi de soi. Il pense à l'homme. Et quand il dit : l'homme, ne lisez pas : Char. Ce n'est pas sa façon de dire : moi. Génie partageur, génie donneur.

Cette vocation se marque fermement par quelques traits faciles à souligner, significatifs.

D'abord, l'attitude de ce poète difficile vis-à-vis du lecteur. On connaît la position primitive du surréalisme à son endroit, cet emploi si peu

1. *Donner à voir*, p. 85 et 87.

2. L'humanisme d'Eluard est une *acquisition* admirable, qui grandit dans le *Rendez-vous allemand*. Et je mets plus haut encore ce poème isolé : *Temps bénis*. (Note de 1946.)

nuancé de la subversion, arme fatale, – qui rate invariablement le Perrichon qu'elle avait pris pour cible, et juste à côté va blesser le seul qui fût digne, écoutât de tout son cœur. Sans éviter tout à fait ce reproche à ses débuts, René Char, poète patient, jamais pressé de publier, dédaigneux pour se faire écouter de tout recours à l'illicite, ne va pas puiser le sentiment de son génie dans le mépris systématique de tout auditoire. Il attend l'attention de ces hommes qui restent son seul espoir. Et il y a dans son œuvre quelques formules étonnantes d'amitié pour ce pestiféré de la littérature moderne, le lecteur. « Le poème est toujours marié à quelqu'un », écrit-il; et encore : « Salut à celui qui marche en sûreté, à mes côtés, au terme du poème. Il passera demain *debout* sous le vent » *(s)*. Nous pouvons rendre à René Char ce mot si beau qu'il a dit d'un peintre, et qui le peint lui, Char, dans son métier de poète, de frère aîné de l'homme : « il nous prend par la conscience[1] ».

*

Ce lecteur qu'il aime et qu'il sait qu'il mérite, René Char ne court pas après pourtant. Pas plus d'impatience que de mépris : Char sait qu'il a le temps. D'où cet accent naturellement chez lui prophétique si souvent : il comprend sans amertume que l'homme d'aujourd'hui, celui dont l'image donne envie justement d'aboutir à une nouvelle déclaration des droits de l'homme, – que

1. Exposition Jean Villeri, 15-28 février 1939.

cette victime ne peut pas comprendre toujours et déjà ses sauveurs; et que c'est l'homme qu'il prépare qui comprendra le poète. Ce « rayonnant buveur d'avenir mort », ce « grand commenceur » accepte sans raidissement les servitudes du métier de précurseur.

« Chers allongés, dit-il, qui avez amené le sang prestigieux sur des hauteurs où ne se montrent guère de légumes.

« Vous réparerez vite dans l'écrin de vos lois la place chaude que nous y aurons un instant occupée.

« Mieux :

« Vous nous frapperez d'interdiction, vous maltraiterez nos figures amovibles.

« Est-ce exact, l'oasis commence à briller par-delà la décollation de la mer, végétante guenille théâtrale.

« Notre langue commune dans l'éternité sous le toit gardien de nos luttes, c'est le sommeil, cet espéranto de raison. » (« Tous compagnons de lit », in *Dehors la nuit...*)

Cette assurance sur l'avenir trouvait déjà dans *Poèmes militants* (1933) cette image digne d'elle : « Nous sommes les pieds d'une grandeur sans pareille. » *Moulin premier* ajoute celle-ci, déjà citée : « Il advient au poète d'échouer au cours de ses recherches sur un rivage où il n'était attendu que beaucoup plus tard après son anéantissement. Insensible à son entourage arriéré, le poète s'organise, abat sa vigueur, morcelle le terme, agrafe les sommets des ailes »; et plus loin : « Que le poète s'écarte allègre au large. La mine qu'il a posée ne quitte pas les abords du môle. Absent, elle *chante* et accoste pour lui. » C'est, dépouillée de toute vanité, l'orgueilleuse certitude de Ronsard et de Malherbe. « Je prends place inaperçu sur le tirant de l'étrave jusqu'à la date fleurie où rougeoira ma cendre », écrit aussi René Char dans *Seuls demeurent*. Et pour finir, ces deux vers aussi beaux déjà que le premier du *Tombeau d'Edgar Poe* (et plus beaux d'être dits par le poète lui-même qu'ils concernent, comme si Poe lui-même eût eu la grandeur d'écrire sans anathème au public : Tel qu'en *moi*-même enfin l'éternité *me* change...) :

Dans la stupeur de l'air où s'ouvrent mes allées,
Le temps émondera peu à peu mon visage.

*

Dès le début la poésie de Char s'affirme donc comme une action prophétique. (Ce serait une erreur de vouloir que la poésie soit toujours prophétie; ou de croire qu'elle doive être toujours éternisation du passé, du présent; ou plonge toujours dans ce que nous ne savons pas que nous sommes. La poésie est l'expression de ce qui nous émeut : passé, présent, avenir, univers au-dehors ou mondes intérieurs. Tout poète n'est sensible qu'à ses émotions et perdrait son temps à vouloir simuler celles des autres : « Chacun donne ce qu'il peut, dit Claudel : l'un le pain, et l'autre la semence du pain[1]. » Et tous deux sont égaux. A

1. P. Claudel, *Cinq grandes odes*, p. 165.

chaque poète le devoir de découvrir « le champ de dix hectares dont il est le laboureur ») *(m).*

René Char est dès *Arsenal* hostile à la parole quand elle se contente de « jouer sur les illustrés à quatre sous », quand elle ne sert à rien qu'au divertissement de la condition d'homme, quand elle ne fait rien. Il veut parler « Comme on tue – Le fauve – Ou la pitié ». Parce que « Les hommes ont faim – De viandes secrètes – D'outils cruels ». Et dès *Arsenal* l'impulsion poétique en René Char est messianisme : « Levez-vous, crie-t-il, aux hommes, bêtes à égorger – A gagner le soleil. » (Il n'est pas indifférent de souligner une fois de plus l'image par où le poète a rendu palpable un monde à gagner : non cette entité impeuplable, le Ciel; mais cette chose splendide et concrète : le soleil, le dieu méditerranéen. Un seul mot fulgurant de soi rend inutile toute cette géométrie luminescente au néon par quoi Dante lui-même, dans le *Paradiso,* n'a pas pu vivifier son image d'éternité.)

Dès *Arsenal* aussi je rencontre un poète qui dessine en Grec cet Homme à la recherche de soi-même :

Des yeux purs dans les bois
Cherchent en pleurant la tête habitable.

Deux vers géants à mon gré, qui définissent à la fois l'amour, l'amitié, l'humanité, toutes les communions possibles de l'homme avec lui-même et avec les autres. La tête habitable, c'est la tête de cette femme merveilleuse dans laquelle il y a asile pour nous tels que nous sommes; c'est aussi le désir que l'homme a d'être homme ou de le devenir. La tête comme une partie du monde, un espace géographique, un continent à coloniser. « La tête, lointaine nébuleuse – Minuscule dans sa matrice glacée » *(m)*, dit aussi René Char de ce monde non encore conquis. Que l'homme vive enfin de ses noires certitudes, de tout ce qu'il a découvert dans cette tête si souvent inhabitable. Rien de plus grand, depuis que Rimbaud a écrit : « Me voici rendu à la terre, – avec la réalité rugueuse à étreindre, et un devoir à chercher. »

Cette vocation de mage, sous laquelle des esprits vulgaires et des esprits sectaires ont cru bafouer Hugo, René Char se l'assigne sans emphase : « Tache de naissance, écrit-il : il s'était proposé de leur servir d'exemple » *(m)*. « Il tend l'aiguille au fil d'une fervente aurore », il est « Le veilleur éphémère du monde – A la lisière de la peur » *(p)*. Et c'est pourquoi je trouve à sa place, au centre du *Placard,* ce poème du courage d'homme dans lequel René Char s'est chanté sa propre *Marseillaise* :

Les poings serrés
Les dents brisées
Les larmes aux yeux
La vie
M'apostrophant me bousculant et ricanant
Moi épi avancé des moissons d'août
Je distingue dans la corolle du soleil une jument
Je m'abreuve de son urine.

Cette image aussi élancée qu'une étrave, aussi claquante au vent qu'un drapeau plein d'or et d'écarlate, cet épi avancé des moissons d'août sur la hampe du *moi,* c'est l'image même du poète berger d'enfants, berger des hommes.

Ce ton prophétique n'a rien à voir avec le messianisme hugolien, ni avec la Bible. « Pourquoi vous faites-vous des prêtres – Quand vous en avez parmi vous? » demandait Hugo. La bonté de Hugo, dont je ne fais pas fi, procède d'un lourd appareil historico-philosophique, d'un *dogme* rationaliste, qui lui constituent des conditions dont nous savons aujourd'hui la fragilité. De l'histoire et de la pensée tout entières Hugo tire la conviction que la bonté collabore à l'ordre éternellement prévu. D'où un certain dépit contre l'homme, un mépris certain pour la foule des hommes donnés dans une circonstance donnée, qui dénote moins le prophète bon que le grand prêtre de haute caste. A travers l'humanisme de Hugo, je sens parfois un goût mal dissimulé pour le pouvoir temporel. Quand les hommes souffrent, il arrive que le père Hugo dise : c'est bien fait, ça leur apprendra. Moins mage, en cela, que pape. Char a la bonté du désespoir, inconditionnée, indépendante de toute justification scientifique ou métaphysique. Il aime l'homme.

Quant à la Bible, à l'Evangile, la rencontre est plus curieuse encore. René Char, athée, matérialiste, ignore totalement le livre sacré : pas une source biblique chez lui, même indirecte. Et pourtant il y a une parenté indiscutable d'accent, il y a non pas filiation, mais fraternité, il y a le même esprit. La meilleure préparation à la lecture des *Rapports entre parasites,* de *Tous compagnons de lit,* c'est de relire avec un esprit libre et neuf Isaïe, Job ou Baruch. (Le maniement toujours éclatant, toujours efficace, des impératifs et des subjonctifs chez René Char, ses grands vocatifs imprévisibles, suffiraient à établir cette vocation d'homme qui parle.) Devant ce poète qui a réinventé le biblique, on ne peut s'empêcher de penser à Claudel : un Claudel nourri de la Bible, nourri du Christ, nourri des rythmes du Livre au point d'en avoir extrait le grand verset claudélien, la plus grande mesure en français de notre souffle. En dépit de toute l'étude de toute une vie, la grandeur de Claudel est païenne : il chante la matière incomparablement, la pluie, les fleuves, la nuit, la terre, et l'océan, dans la *Connaissance de l'Est* et dans *Cinq grandes odes*; il chante incomparablement l'allégresse à chanter (*Les Muses, La muse qui est la Grâce).* Mais il demeure étranger à l'homme; sourd à l'homme. Il n'y a pas de bonté chez Claudel, pas de connaissance poétique de la charité. Il ne parle bien que de Pilate et de Judas[1], parce qu'il y retrouve sa verve, son fanatisme, sa dureté d'humour. Le catholicisme est pour lui une admirable administration intellectuelle. Seule la liturgie l'inspire, le Christ et la Vierge en son œuvre sont aussi des éléments liturgiques, ou scéniques, ce qui revient au même; et jamais des êtres, fussent-ils mystiques, c'est-à-dire poétiques.

1. Dans *Figures et paraboles.*

Claudel n'a pas de réponse convaincante à ceux qui lui reprochent son insouciance des hommes qui l'entourent. Quand, au tournant d'un siècle, il s'adresse à tous les hommes, il n'a rien à leur souhaiter, rien à leur offrir dans le *Processionnal pour un siècle nouveau*. L'amour des hommes est pour lui une obligation lourde, un devoir sans joie, un commandement, une pratique (« Voici le monde extérieur où est notre devoir laïc – Sans le mépris du prochain, avec amour du prochain, *si je le puis,* sans violence et sans passion inique, etc... » Adorable Claudel!). *La Maison fermée* est un plaidoyer superbe de chant mais avec des arguments que Claudel n'eût pas eu besoin d'inventer si le don tout simplement d'aimer son prochain lui eût été accordé. Si j'avais été son confesseur, j'aurais senti là les raisons du diable, le plaidoyer d'un artiste surtout qui ne veut pas être dérangé de son art, d'un moine voluptueux de culte et qui ne souffre pas d'être interrompu dans son plus délectable exercice. Il aura toujours manqué à Claudel d'aimer les habitants difficiles à connaître de cet univers où il n'a su s'enchanter que de voir « chaque chose à sa place dans l'atelier de la connaissance ». Il ignore la pitié, il ne comprend rien de non catholique, et ceux qu'il n'intègre pas dans sa catholicité – Flaubert ou Calvin, le XIXe siècle ou l'instituteur laïque, – il les fracasse allègrement d'un coup de dent, sans seulement se douter que c'étaient peut-être aussi des êtres à qui son dieu même eût fait miséricorde. Mais Claudel n'éprouve jamais cette forme supérieure de la charité intellectuelle, la crainte des erreurs judiciaires; il distribue son amour et sa haine, avec une rudesse inquisitoriale; esprit, foncièrement, à la Simon de Montfort : Tuez-les tous! Ils dérangent ma catholicité!

Cette ignorance concrète des autres hommes est partout chez Claudel. Dans sa Chine de *Connaissance de l'Est,* où les Chinois sont décrits avec objectivité, comme une espèce zoologique extrêmement pittoresque. Dans *Le Soulier de satin,* dont on veut faire un drame de la grandeur humaine (j'y vois plus de splendeur que d'amour, plus de lumière que de chaleur, plus de théâtre que de drame). Et je me demande par moments, malgré le pathétique du cache-cache entre Don Rodrigue et Doña Prouhèze, si le théâtre de Claudel, qui a visé Shakespeare, n'a pas rencontré aussi souvent Ruy Blas, Hernani, Cromwell? A côté le moindre texte d'un Jacopone di Todi, le moindre *Fioretto* ruisselle d'une tendresse, d'une charité où tous se sentent admis, pour peu qu'ils soient hommes – catholiques ou non. (Claudel aime à faire sonner les étymologies, à souligner toujours que catholicité c'est universalité : il oublie qu'il y aura toujours un mot dont la catholicité dépassera celle du catholicisme : c'est humanité.)

Mystère du don, de la grâce. Claudel, un très grand poète, un chanteur égal en français à Pindare, à Job, a cherché toute sa vie à s'accorder, lui violent, avec une religion de bonté, de joie, d'humanité partagées : il a sa vie durant tenté d'être ou cru qu'il était chrétien. Mais il n'a pas pu s'inventer des émotions qui n'étaient pas pour lui.

A côté, ce pouvoir d'aimer sans effort est donné à l'athée le plus ferme. Et Char inlassablement penché sur le sort de tous les hommes, inlassablement soucieux d'aider l'homme à se faire sur la terre, trouve à tout coup les mots qui nous font savoir que, par ce poète, nous sommes tous aimés, non à titre d'exercice et pour son propre salut, mais pour nous-mêmes.

Ce messianisme donc, qui n'est ni biblique ni rationaliste, a ses racines – ou son expression – dans l'héraclitéisme de Char, et dans son surréalisme.

Char a le sentiment permanent du devenir, – il n'oublie jamais le temps. L'homme à ses yeux n'est pas une somme de données immuables; il devient. Et le poète l'aide à devenir de toutes ses forces. C'est pourquoi, dès *Moulin premier,* « au cocon la nuit de la rédemption a paru odieuse et bouffonne »; elle a la prétention d'immobiliser l'homme à jamais. A côté de l'image de la chrysalide, une autre image-signature à cet égard, et bien héraclitéenne encore, est celle de l'alluvion, du limon, image qui est la chair et le sang même de l'idée du devenir. « Porteur d'alluvions en flammes », dit René Char du poète; puis encore : « le poète, ce torrent au limon serein »; et des enfants : « enfants aux yeux de limon ». Au sommet de l'amour, au moment qu'il faudrait savoir arrêter, il dit la paix de l'homme et de la femme avec le même mot de certitude et de baume : « Limon secouru, nuit guérie ». Ou bien, peignant l'extraordinaire *performance psychique* que constitue cette invention continue de l'homme par l'homme : « Sur les arêtes de notre amertume, l'aurore de la conscience s'avance et dépose son limon. »

C'est parce qu'il faut *faire* l'homme que la poésie doit, au lieu de scolastiquement s'opposer à l'action, étudier ses rapports fructueux avec elle. La poésie doit aussi être action, et si le poète est quelquefois contre l'homme d'action c'est parce que celui-ci n'a pas le courage d'aller assez loin, aussi loin dans l'action que le poète : « Le poète devance l'homme d'action, puis, le rencontrant, lui déclare la guerre » *(m)*. Ou bien parce que l'homme d'action se drogue avec l'action au lieu d'en vivre : « L'homme dont l'appétit hors de l'imagination se calfeutre sans finir de s'approvisionner se délivrera par les mains, rivières soudainement grossies » *(s)*.

Texte capital que ce dernier. L'action ne doit jamais rompre avec l'imagination, elle doit servir, si elle ne veut pas se borner à être divertissement indifférent. L'instrument poétique du devenir de l'homme, c'est l'imagination. Ç'aura été une des grandes opérations du surréalisme – infiniment plus décisive que la formule de l'image surréaliste – que de reconquérir le droit à l'imagination, en inventant une nouvelle manière de s'en servir. Jusqu'ici, parce qu'en effet, initialement et formellement, elle s'oppose à la réalité, l'imagination a presque toujours été considérée par la poésie comme ce qui dispense, ou console, ou distrait de la réalité; comme ce qui est plus beau que la réalité parce que ce n'est pas la réalité. Le poète acceptait bêtement de se laisser enfermer dans des résidences qui ressemblent à des prisons : la Tour d'Ivoire et le Château en Espagne, l'Asile de Fous, la Goutte d'Opium; dans une province qu'il avait la folie de nommer lui-même : Anywhere out of the world. L'imagination n'avait tous les droits qu'à condition de ne pas sortir de chez elle. Breton inventait donc quelque chose le jour où il écrivit : « Réduire l'imagination à l'esclavage, quand bien même il irait de ce qu'on appelle grossièrement le bonheur, c'est se dérober à tout ce qu'on trouve, au fond de soi, de justice suprême. La seule imagination me rend compte de ce qui *peut être.* » Et l'on doit dire à la gloire du surréalisme ce qu'Eluard dit, d'un mot plus juste encore que celui de Breton, à la gloire de Sade et Lautréamont : « A la formule : vous êtes ce que vous êtes, ils ont ajouté : vous pouvez être autre chose[1]. »

Si tous les surréalistes n'ont pas toujours su se garder de l'équivoque entre une imagination-cocaïne et l'imagination qui vient d'être ainsi définie, il n'en reste pas moins que le surréalisme a, dans ses têtes, défini l'imagination comme une fonction de la réalité; un élément potentiel de cette réalité, que le poète détecte et livre aux hommes. Après avoir cité Blake et Shelley vraiment prémonitoires (« Ce qui est maintenant prouvé ne fut autrefois qu'imaginé[2] »), Eluard dit encore : « Un jour tout homme montrera ce que le poète a vu. Fin de l'imaginaire[2]. »

1. P. Eluard, *Donner à voir,* p. 153.
2. Eluard, *Donner à voir,* p. 84-128.

C'est cet agent du devenir qu'est l'imagination pour René Char. Il l'appelle souvent d'un nom dans lequel se conjuguent à la fois son présent et son futur : l'inespéré. « L'obscurité de sa tendresse, écrit-il, son entente avec l'inespéré, noblesse lourde qui suffit au poète[1] », au poète qui est « ce bûcher subtil, [ce] tombereau de roseaux qui brûlent, et que l'inespéré escorte ». Puis, plus net encore : « Reconnaître deux sortes de possibles : le possible *diurne* et le possible *prohibé*. Rendre s'il se peut, le premier l'égal du second; les mettre sur la voie royale du fascinant impossible, degré le plus haut du compréhensible. » Voilà la raison pour laquelle « à chaque effondrement des preuves, le poète répond par une salve d'avenir »; pour laquelle il assure aussi « le retour de l'entêté portefaix, passeur de justice ». « Sans doute, écrit enfin René Char dans une phrase sur laquelle il faudra revenir souvent et longtemps, sans doute appartient-il à cet homme de fond en comble aux prises avec le Mal dont il connaît le visage vorace et médullaire, de *transformer le fait fabuleux en fait historique*. »

L'imaginaire doit être mis au monde. « Favoriser l'audace écarlate, déborder l'économie de la création, agrandir le sang des gestes, dit-il encore, devoir de toute lumière. » Voilà pourquoi « l'obscurité s'écarte, et VIVRE devient, sous forme d'un âpre ascétisme allégorique, la conquête des pou-

1. R. Char, *Partage formel* (comme toutes les citations qui suivent).

voirs extraordinaires dont nous nous sentons profusément traversés ».

Un tel usage de l'imagination mène loin. Il a mené René Char dans un domaine où la poésie depuis longtemps n'ose plus mettre les pieds : le pays du Bien et du Mal. Depuis qu'il y a eu l'art pour l'art et qu'on a démontré l'incompatibilité de l'intention artistique avec l'intention morale; depuis le pauvre père Hugo osant dire que la bonté contient tout; depuis Nietzsche inventant des pays par-delà le Bien et le Mal, un ridicule et un péril sont attachés à certains sujets. La Bonté a mauvaise presse; triomphent le satanisme et le sadisme, révélateurs du passé de l'homme seulement, peut-être. Beaucoup préfèrent, pour être sûrs de rester poètes, ne pas toucher aux mots terribles. On ne voit guère que les grands pour avoir osé : le Rimbaud de la fin, Lautréamont, Apollinaire écrivant : Nous voulons explorer la bonté, contrée énorme où tout se tait.

Au terme de *Tous compagnons de lit,* sa grande ode humaine, René Char écrit sans précautions oratoires : « Nous ne nous avouons pas vaincu quand dans l'homme debout le mal surnage et le bien coule à pic. » C'est que la bonté n'est pas pour lui la leçon toute faite d'une morale toute faite; mais la réponse irrépressible de son être à la condition humaine. Le monde est si vide qu'il ne reste que l'homme. Le monde est si noir qu'il ne reste qu'à être bon. *Vers quelle mer enragée, ignorée même des poètes, pouvait bien s'en aller aux environs de 1930 ce fleuve mal aperçu,* – dit la *Prière d'insérer* 1944 du *Marteau sans maître,* et, c'est un grand poème à garder au livre – *ce fleuve mal aperçu qui coulait dans des terres où les accords de la fertilité déjà se mouraient, où l'allégorie de l'horreur commençait à se concrétiser, ce fleuve radiant et énigmatique baptisé* Le Marteau sans maître? Et René Char répond à sa propre question : « Vers l'hallucinante expérience de *l'homme noué au mal,* de l'homme violet, de l'*homme massacré et pourtant victorieux.* »

La bonté de René Char est l'aboutissement d'un haut exercice : il a dit « quel boucher secret il avait dû vaincre pour acquérir à ses yeux la tolérance de son semblable » *(b),* il a dit « le bestiaire de mensonges qui le tourmentait de ses gobelins et de ses trombes » *(s)*; il a été l'homme noué au mal. Aussi sa bonté est-elle une extraordinaire émotion, libre de tout postulat rationnel, un produit de l'imagination, une *étrangeté légitime,* une victoire, une invention.

Voilà pourquoi il a pu dire de sa poésie : « Terre mouvante, horrible, exquise et condition humaine hétérogène se saisissent et se qualifient mutuellement. La poésie se tire de la somme exaltée de leur moire » *(Partage formel).* La bonté issue de cette poésie est l'intelligence la plus exacte, la plus totale de la vie et de l'homme. Et ce poète pessimiste – héraclitéen toujours – est un poète optimiste. « Il intègre à l'origine pessimiste de la semence, écrit excellemment Gilbert Lély, la patience éperdue de son devenir. Il est le froment de ses désirs. »

. . . .

Au terme de *Moulin premier,* scellant une méditation sur l'homme et la mort et la poésie, René Char a donné sa définition d'homme :

« Sous la loi d'oppression, je ne désavoue pas *ma bonté inventée.* »

Cette tendresse toute fraîche, cette bonté neuve et lavée de tout, c'est le cadeau énorme d'un poète pour aujourd'hui aux hommes pour demain.

Impression Brodard et Taupin
à La Flèche (Sarthe),
le 9 janvier 1989.
Dépôt légal : janvier 1989.
Numéro d'imprimeur : 1944A-5.
ISBN 2-07-032526-1 / Imprimé en France.

45274